高等职业教育理论与创新发展探索

张小华 ◎ 著

图书在版编目（CIP）数据

高等职业教育理论与创新发展探索 / 张小华著 . -- 北京：中国书籍出版社，2023.12

ISBN 978-7-5068-9710-5

Ⅰ.①高… Ⅱ.①张… Ⅲ.①高等职业教育—教学研究—中国 Ⅳ.① G718.5

中国国家版本馆 CIP 数据核字 (2023) 第 233756 号

高等职业教育理论与创新发展探索

张小华 著

图书策划	成晓春
责任编辑	李 新
封面设计	博健文化
责任印制	孙马飞　马 芝
出版发行	中国书籍出版社
地　　址	北京市丰台区三路居路 97 号（邮编：100073）
电　　话	（010）52257143（总编室）（010）52257140（发行部）
电子邮箱	eo@chinabp.com.cn
经　　销	全国新华书店
印　　刷	天津和萱印刷有限公司
开　　本	710 毫米 ×1000 毫米　1/16
字　　数	200 千字
印　　张	11.75
版　　次	2024 年 5 月第 1 版
印　　次	2024 年 5 月第 1 次印刷
书　　号	ISBN 978-7-5068-9710-5
定　　价	72.00 元

版权所有　翻印必究

前 言

近年来，我国高等职业教育迅猛发展，形势喜人。国家已经把"大力发展职业教育"作为教育和人力资源开发的重大战略抉择，令人十分振奋。站在科学发展观和构建和谐社会的高度来看，职业教育的发展已经远远超出了教育本身的意义，它关系到国家数以亿计劳动者素质和数以千万计专业技术人员的水平，实在不可小视。高等职业教育一方面受社会发展制约，另一方面必须适应社会发展的需要。科技进步和社会发展日益彰显了教育和经济的互动关系。高等职业教育承担着培养生产技术一线应用型人才的任务，是高技能人才的培养主体。

高等职业教育既是我国高等教育的一种类型，也是我国职业教育的重要组成部分，在社会主义现代化进程中，高等职业教育在我国建设人力资源强国方面发挥着至关重要的作用。高等职业教育如何认真贯彻《国家中长期教育改革和发展规划纲要（2010—2020年）》，不断深化教育教学改革，推动体制机制创新，着力在适度扩大规模的同时突出提高质量，在重视人才培养的同时突出社会服务，在推进和谐发展的同时创新体制机制，是今后一个阶段的重要任务。

本书第一章为高等职业教育的理论基础，分别介绍了高等职业教育的相关概念、高等职业教育的特征、高等职业教育的性质、高等职业教育的功能四个方面的内容；第二章为高等职业教育管理体制的创新，主要介绍了三个方面的内容，依次是高等职业教育管理体制创新的基本概念、高等职业教育管理体制创新构想、新制度经济学与高职院校管理体制创新；第三章高等职业教育的师资培养与人才培养创新，分别介绍了两个方面的内容，依次是高等职业教育"双师型"师资培养创新、高等职业教育人才培养模式创新；第四章为高等职业教育的可持续发展创新，依次介绍高等职业教育的可持续发展理念、高等职业教育可持续发展的体系构建、高等职业教育专业和课程的可持续发展创新、我国高职院校可持续发展的对策建议四个方面的内容；第五章为高等职业教育的信息化发展创新，主要介绍了三个方面的内容，分别是信息化背景下高等职业教育教学方法和教学手段的创新、信息化背景下高等职业教育的产学研合作、信息化背景下高等职业教育的科研工作创新。

在撰写本书的过程中，作者参考了大量的学术文献，得到了许多专家学者的帮助，在此表示真诚感谢。本书写作力争内容系统全面，论述条理清晰、深入浅出，但由于作者水平有限，书中难免有疏漏之处，希望广大同行及时指正。

作者

2023 年 6 月

目 录

第一章　高等职业教育的理论基础 ································· 1
 第一节　高等职业教育的相关概念 ································· 1
 第二节　高等职业教育的特征 ······································· 2
 第三节　高等职业教育的性质 ······································· 7
 第四节　高等职业教育的功能 ······································ 13

第二章　高等职业教育管理体制的创新 ························ 20
 第一节　高等职业教育管理体制创新的基本概念 ············ 20
 第二节　高等职业教育管理体制创新构想 ····················· 25
 第三节　新制度经济学与高职院校管理体制创新 ············ 27

第三章　高等职业教育的师资培养与人才培养创新 ······· 33
 第一节　高等职业教育"双师型"师资培养创新 ············ 33
 第二节　高等职业教育人才培养模式创新 ····················· 45

第四章　高等职业教育的可持续发展创新 ···················· 58
 第一节　高等职业教育的可持续发展理念 ····················· 58
 第二节　高等职业教育可持续发展的体系构建 ··············· 60
 第三节　高等职业教育专业和课程的可持续发展创新 ······ 65
 第四节　我国高职院校可持续发展的对策建议 ············· 118

第五章　高等职业教育的信息化发展创新 …………………………………… 130
第一节　信息化背景下高等职业教育教学方法和教学手段的创新 ……… 130
第二节　信息化背景下高等职业教育的产学研合作 …………………… 152
第三节　信息化背景下高等职业教育的科研工作创新 ………………… 173

参考文献 ………………………………………………………………………… 181

第一章 高等职业教育的理论基础

本书第一章为高等职业教育的理论基础，分别介绍了高等职业教育的相关概念、高等职业教育的特征、高等职业教育的性质、高等职业教育的功能四个方面的内容。

第一节 高等职业教育的相关概念

一、职业教育的定义

职业教育是培养受教育者掌握某种职业技能、知识和职业操守的过程，以满足某一职业和劳动生产所需，属于职业教育的有：职工在职前接受的培训、下岗职工参加的再就业培训，还有职业高中、中专和技校等职业学校的教育。职业教育的目的在于培养具备一定文化素养和专业技能的劳动者以及优秀应用型人才。与普通教育和成人教育不同，职业教育更加重视培养实际工作能力。职业教育是随着人类社会文明的不断进步而产生的，是社会发展进步的必然结果。职业教育和社会的进步密不可分，职业教育应肩负着推进社会进步的使命。

二、高等职业教育的定义

高等职业教育是高等教育的一部分，其目的是培养高水平的技术人才，属于高等技术教育，它的培养计划和课程比较特殊。相对于普通高等教育而言，它更强调实践应用，更具职业性。高等职业教育是为了满足一些职业群体或某一特定职业的实际需求而设计的。高等职业教育不像中职教育那样只针对具体的工作岗位，它会关注特定的学科领域。因为高等职业教育的课程注重在个别职业领域的实际应用，而非通用的理论科学原则，所以应归类为职业教育范畴。

根据高等职业教育在教育体系中所处的地位，我们可以将它的含义概括为：高等职业教育是在完成中等教育后，继续培养高素质、高技能人才的专业教育形式。若要实行高等职业教育，就需要建立在中等教育的基础上，离开了这一基础就不能称其为高等教育。高等职业教育是高等教育的组成部分之一，也必须符合这一条件。然而，由于高等职业教育的课程计划是"定向于某一特定职业"，是使受教育者"获得某一特定职业或职业人群所需的实际技术和专门技能"的，职业和职业群是多种多样的，因此，掌握不同职业和职业群所需的实际技术和专门技能的学习基础可以甚至必须是多类型的。所以，实施高等职业教育的中等教育基础也包括多方面，进入高等职业院校学习的学生既可以是普通高中毕业的，也可以是中等职业学校毕业的，还包括那些虽无中等学校毕业文凭，但已具备适应学习要求的相应文化水平和实践经验的求学者。与此相应地，取得接受高等职业教育资格的方式也应包括考试、考核、推荐、审查等多种形式。高等职业教育的根本任务是培养高级专业技术人才，培养高技能人才是高等职业教育的核心要求。这一要求既体现了职业教育的共同性（培养技能型人才），又反映了高等职业教育区别于初、中等职业教育的特殊性（培养高级技能型人才）；既体现了高等教育的共同性（培养高级专业人才），又反映了高等职业教育区别于普通高等教育的特殊性（培养技能型人才）。这种人才以获得直接就业所需的实际技术和专门技能为主要目的。因此，对他们的职业能力等级进行鉴定，并授予相应的职业资格证书，就成为高等职业教育机构对学生学习质量评定把关的主要方式。

第二节　高等职业教育的特征

特征是事物所具有的特殊象征或标志。如果说，厘清高等职业教育的性质与功能，是为大力发展高等职业教育扫清观念上、战略上的障碍的话，那么，把握高等职业教育的特征则为其人才培养目标的设置、人才培养规格与模式的确定，提供了方向性的指导。因此，正确把握高等职业教育的特征对高职教育，乃至整个教育体系的健康发展都有着十分重要的意义。总体而言，高职教育的基本特征主要体现在它与学术型普通高等教育的区别上。

一、高等职业教育培养目标的实用性

教育是按照社会要求培养受教育者的活动。如前所述,当前社会对人才的需求体现出高素质、多类别、多层次的特点。总体而言,需要两大类人才:一类是少而尖的学术型人才和高技术人才,他们主要从事的是探索、发现自然界和人类社会的奥秘,不断"认识世界"的工作;一类是大众型的应用型人才,他们运用已知的自然和社会发展规律,为社会带来直接利益。应用型人才可分为技术应用型人才和工程型人才。高等职业教育的培养目标涵盖了社会各行各业,旨在培养实用性技能型人才。

(一)人才培养标准方面

高等职业教育的人才培养标准强调培养学生运用所学知识的能力和解决实际问题的能力。高等职业教育的教学理念是使学生掌握与相关职业领域相关的技能和知识,教学活动的规划、内容和考核都以此为导向。所有教学工作都围绕着帮助学生获得对应职业技能为目标展开,这也是教学的起点和终点。高等职业教育人才培养要达到的能力标准涵盖以下相关内容。

(1)相应职业领域的能力是一个职业能力与其他相关能力的综合概念,包括知识、技能、经验、态度等为完成职业任务、胜任岗位资格所需要的全面素质。

(2)随着科技的快速发展,社会职业岗位的含义和范围也一直在发生变化。因此,高职教育应该培养学生具备灵活适应职业岗位变化的能力和不断学习的能力。

(3)在现场工作群体中,技术型人才通常扮演着重要的角色。因此,他们需要具备公关、组织、协作、协调、创新和承担风险等关键能力或基础能力,以及具备良好的品行和职业道德修养。

(二)人才的服务对象方面

在人才的服务对象上,高等职业教育培养的人才面向的是基层、生产和服务第一线。高职教育作为职业教育的重要组成部分,与经济、企业的关系最为直接,是科学技术向现实生产转化的重要途径,在实现"两个根本性转变"的过程中发挥重要的作用。当今世界人才的竞争,除研究、开发型人才的竞争外,相当程度上是生产、管理和服务第一线实用型人才整体素质的竞争。大量的实践表明：我国的经济建设、社会发展离不开高职教育，高职教育可以培养出生产技术应用、技术管理和服务的实用型人才。尤其是对于一些资金密集、技术密集型的行业及经济发达或正在走向发达的地区而言，高职教育人才培养的实用性特征就更为明显。

二、高职教育专业设置的职业性、市场化

专业设置是高职教育与社会需求相衔接的纽带，同时也是高职院校适应人才市场变化的关键。通过发展高职教育，有利于高职院校更好地适应和满足社会需求。在社会主义市场经济中，市场需求是由价值规律、供求规律和竞争规律所决定，并且涵盖了各种不同的需求。高职教育人才培养目标决定了专业设置直接面向本地区的市场需求，与当地经济发展关系更加紧密。另外，随着科技迅速发展，产业结构不断调整和市场供求的不断变化，高职院校专业设置也会因社会职业岗位群体持续分化和重组，而不断调整和变化。因此，高职教育在专业设置上，必须以市场需求为导向，面向生产、建设、服务、管理一线，专业主体框架主要依据的是社会人才需求的变化趋势和地区产业结构，使专业设置既能充分适应行业或产业结构长期变化和发展的趋势，又具有快速调整能力，能够及时跟踪社会职业需求热点转换。而不能像学术型普通高等教育一样用专业目录去规范和限制。

在传统教育体制下，我国高等学校的人才培养模式及其专业设置基本上是固定不变的：学校因办学条件而设置专业，因专业设置而招收学生。同时，学校只管教书育人，对社会发展的需求与市场的需要很少过问，从而使得培养出的许多学生毕业后用非所学。这是办学资源的浪费，也是人才资源的浪费。而在市场经济高度发展的今天，作为我国市场经济伴生物的现代意义上的高等职业教育，其生命力之所在就是专业设置紧贴社会，培养具有综合职业能力和高素质的、直接面向生产一线的技术、技能型人才。

三、高职教育教学过程的实践性

高职教育的培养目标是培养素质高、能力强、上岗快、用得上的技术型人才，这一培养目标决定了学生在校期间必须完成上岗前的实践训练。因此，高职教育整个教学过程的实践性特征非常突出。纵观世界各国成功的高职教育，无一例外

都是以突出实践教学为特征的，如德国的"双元制"、加拿大的以能力为中心的教学思想、澳大利亚的模块式教学等。高职教育教学过程中的实践性特征突出表现在如下三个方面。

（一）教学计划上突出对能力的培养

高职教育在教学计划的制订上突出对学生职业能力的培养，这与普通高等教育在教学计划的制订上，以突出学生对理论知识的掌握为主线有很大区别。同时，高职教育教学计划的制订是在社会调查的基础上，从职业分析入手，借鉴能力本位教育 CBE（Competence Based Education，简称 CBE）的思想，按岗位或岗位群的职业要求，将综合职业能力分解成若干项专门能力，有针对性地设置相应课程，并聘请企业界有关专家，对教学计划的可行性进行论证，以优化课程设置。为避免因培养周期较长所带来的弊端，高职教育对教学计划的实施进行动态管理、滚动修订，以保证课程设置和教学内容的科学性、先进性及人才的职业适应力。

（二）教学内容上理论与实践相结合

技术技能型人才的总体特征是理论技术与经验技术相结合，为此，高职教育在课程内容上比较注重使学生掌握理论技术所必需的理论基础及相应的应用能力。通过分析国内外一些高职教育的课程内容，可以发现，实践教学在教学计划中占有较大的比重，理论教学与实践教学的课时比例一般都在 1：1 左右。如法国的短期技术学院的实践教学时数占总时数的二分之一，美国密特萨克斯社区学院电气技术专业的实践教学时数超过总学时的二分之一，北京联合大学计算机应用专业的理论与实践的学时比例也约为 1：1。

在课程结构上，高职教育强调把学生能力的培养放在突出位置，其理论课程体系是为专业综合理论和专业技术能力服务，主要包括专业理论和基础理论两类，它们共同支撑着高职人才的持续发展和适应能力；而实践课程体系则是为培养专业技能、职业能力服务的，主要是直接反映当前职业岗位工作需求的专业技术知识，具有较强的就业导向性。

（三）注重突出实践性教学环节

衡量高职学生的学习效果，很大程度上是以培养目标所要求的知识和能力为标准的。所以，高职学校在教学过程中都比较突出实践性教学环节的重要性。一般而言，在其教学计划的编制上都安排有足够的实训时间，如校内实训和社会岗位实训时间等实践性环节，约占总教学时数的三分之一以上，以使学生具有较强的职业技能和实践能力。为使实践性教学环节能得到落实，高职学校较为重视实训场所和设施的建设，如注重建立现代化的校内专业实训基地，以供学生进行现代化的技术手段操作模拟训练；建立稳固的校外训练基地，以保证学生的综合专业技术实习落在实处，使学生的实习与专业技能实践形成有效的衔接；开展丰富多样的与本专业相关的实践训练、社会调查、社会服务等活动，以提高学生的综合素质和全面能力，使技能培训制度化、规范化。通过安排基础技能训练、顶岗实习、专业技能训练等实践教学环节，我们可以明确规定每个专业的学生在校期间需要取得哪些操作技能等级证书，这些证书将成为学生质量得到社会认可的"合格证"。

四、高职教育培养模式重视用人部门的参与

用人部门（单位）会直接参与到高职教育培养人才的过程中，这是和普通高等教育的不同之处。高职教育之所以需要用人单位参与进来，就是因为培养的人才要符合一线生产、管理和服务的要求，只有和办学伙伴之间建立联系，才能更快更好地达到培养目标，让教学质量得到提升。在人才培养的过程中，用人部门可以提供不少的便利。

一方面，新的知识和技术随着科技的高速进步和发展出现的越来越多，这在学校教育中就能体现出来，高职教育毕业生的特点就是技术创新能力高，而且会使用新的实用技术。只有在真实的环境中才能掌握那些课堂上没有的经验，养成良好习惯。

另一方面，缺乏的师资力量、教学设备和学校实训场地等问题，都能够在用人部门的帮助下得到解决，让教育资源得到科学、合理的配置和利用。同时，可以让高职教育根据社会职业岗位需求来设置教学方案和专业，提高高职教育建设的专业程度，使其更贴合市场。

第三节 高等职业教育的性质

性质指的是某事物所特有的要素和特征，使其能够与其他事物区别开来。高等职业教育是一种独具特色的人才培养模式，其与其他类型的教育的区别在于其本身所附带的性质。下面从高职教育的高等教育性质、职业教育性质、技术教育性质三个方面加以分析。

一、高等职业教育的高等教育性质

中共中央、国务院《关于深化教育改革，全面推进素质教育的决定》指出："高等职业教育是高等教育的重要组成部分。要大力发展高等职业教育，培养一大批具有必要的理论知识和较强实践能力，生产、建设、管理服务第一线和农村急需的专门人才。"[1] 这段话指出了高等职业教育性质中很重要的一点，即高等职业教育是高等教育的重要组成部分。

（一）高等职业教育的高等教育属性

1. 从高等教育的定义看高职教育的高等教育属性

高等教育中的"高等"二字是就教育层次而言，区别于中等和初等教育。一般认为，高等教育具有两个基本特点。

第一，高等教育是建立在中等教育基础上的专门教育，以培养高级人才为目标。高等教育学生的起点要具有中学毕业水平，因为如果起点太低，就很难掌握高等教育高级、精深、复杂的专业知识。而专门教育，是相对于普通教育而言的，是指培养某一领域专业人士的教育，是为公民未来的职业生活做准备的教育。普通教育则是指实施普通文化科学知识的教育，要使学生掌握人文科学、社会科学和自然科学的普通知识，使他们具有基本的文化修养和处理社会问题的能力，其目的是为公民未来的社会生活而非职业作准备。传统上，普通教育主要在中小学进行，专门教育则主要在高等教育阶段进行。可见，高等教育是一种为专业工作或职业生活作准备的专门教育。高级人才，则主要表现为培养的人才知识含量高、

---

[1] 王根顺，王成涛. 高等职业技术教育概论 [M]. 北京：民族出版社，2004：52.

成熟度高、适应社会能力强等。这一特点是就高等教育的性质和任务而言的，它表明了高等教育在知识含量和培养人才水平上的"高"。

第二，高等教育实施对象——学生的年龄大都在18岁以上，其心理和生理发展已经成熟。这一特点表明，为了适应高等教育的第一个特点，其教育对象在身心发展方面必须处于比较成熟的阶段，为培养能够掌握"高"的知识含量，成为"高"的人才奠定生理和心理基础。

这两个特点是高等教育的基本特点，高等教育的其他特点大都是从这两个特点中派生出来的。当然，随着社会经济和高等教育自身的发展以及高等教育研究的深化，对高等教育特点的认识或许会发生巨大的变化，但是这两个基本特点是不会发生变化的，因为它们反映了高等教育的基本属性。

根据高等教育的这两个基本特点来分析高等职业教育，可以发现，高等职业教育也具有高等教育的基本属性，它属于高等教育的范畴：一方面，高职教育是建立在中等教育的基础上的专门教育，以培养高级人才为目标。高职教育是建立在中等普通教育和中等职业教育的基础上，表现在高职院校的招生主要是面向普通高中毕业生和中等职业教育毕业生；高职教育是专门教育，表现为其专业设置是直接面向社会职业岗位，在教育形式和教育内容上分别是分科的专业教育和专门的职业技能学习，是为公民未来的职业生活作准备。在人才培养目标上，高职人才是智能含量上较中等职业教育所培养的技工更高的技术型人才。另一方面，从高等职业教育的对象来看，高职教育所面对的学生年龄大都在18岁以上，心理、生理发展都已成熟。

2. 从世界的普遍经验看高职教育的高等教育属性

关于高职教育是否属于高等教育，联合国教科文组织第29届大会批准的新《国际教育标准分类法》（1997年修订版）能给我们启示。该文件把高等教育（第三级教育）分为两级。其中，第5级相当于专科、本科和硕士生教育阶段；第6级相当于博士研究生教育阶段。第5级又分为A、B两类，5A类是理论型的，其学习年限较长，一般为四年以上，并可获得第二级学位（硕士学位）证书。目的是使学生进入高级研究计划或从事高技术所要求的专业。5A又分为5A1与5A2两类，5A1一般是为研究作准备的，5A2是从事高科技要求的专业教育。5B类是实用技术型的，其教学计划是面向实际的，适应具体职业内容的，"主要目的是让学生获得从事某个职业或行业，或某类职业或行业所需的实际技能和知识。完成5B的学生一般具有进入劳务市场所需的能力与资格。"至于第6级则是"专指可获得高级研究文凭（博士学位）的""旨在进行高级研究和有创新意义的研究"。[1]

很明显，该标准将高等教育划分为学术型（或称为理论型）和技术型（或称为职业型）两类，其中的5B相当于我国的高等职业教育，其培养目标就是我国高职教育所强调培养的目标。5B高等教育概念的提出，具有重要的理论意义与实际作用。它标志着以培养理论型人才、高技术型人才为主的5A类高等教育和以培养职业技术型人才为主的5B类高等教育，已经构成了现代高等教育结构的基本框架；同时也说明了高职教育的产生和发展，是世界高教改革的共同趋势。高职教育的高等教育地位在此得到了权威性的确认。

（二）"高等职业教育的高等教育属性"的深刻内涵

虽然"高职教育属于高等教育"这个说法已为人所熟知，但在实践中，人们对它的理解似乎还停留于表面，尚处于模糊的状态。高职教育的高等教育属性的意义需要作进一步的分析。

1. 高等职业教育应进行专业性活动

一般的观点认为，高等职业教育是职业性的教育，而不是专业性的教育，这是高职教育与学术型普通高等教育的根本区别之一。实际上，当前出现的与高职教育有关的诸多观点也是基于这一认识前提，如要建立"以能力为中心"的培养模式、知识的掌握要"以够用为度"、按照"职业岗位（群）"的需要进行专业设置等，都非常强调高职教育的职业适应性，而对高职教育的专业性问题却是只字未提。但是，作为高等教育组成部分的高等职业教育，是否需要讲求专业性，这是一个值得深思的问题。

专业活动的产生源于对知识和技能的管理。当知识和技能总量少、复杂性不高的时候，尽管也存在一个管理和传授的问题，但这种管理和传授相对而言是一件简单的事情，由于这种简单性，专业活动的重要性被掩盖了。当知识和技能的总量和复杂程度开始增加时，专业活动的重要性开始显现。因为人的时间和精力是有限的，在面对大量的知识和技能，其中还存在大量无用之物的情况下，全盘

---

[1] 唐守廉，王亚杰. 行业特色型大学和区域经济社会发展互动机制的研究[M]. 北京：北京邮电大学出版社，2011：44.

接受和吸收是不可能的，也是不必要的，所以，教育者必须仔细进行鉴别、挑选，找出受教育者需要的知识和技能；而且，还必须对它们进行加工和提炼，把其中最核心的、最本质的要素提取出来，传授给受教育者。这就是教育教学理论的"简约性规律"。学术，就是在此时产生的对客观世界的深刻和完善的认识。所以，任何教育教学活动都要有专业活动的参与，没有专业活动就无法进行教育教学。

对高等教育而言，基于知识和技能的专业性和教育过程的复杂性，专业活动具有极其重要的意义。专业活动必然要成为高等教育活动的重要组成部分，专业性必定要成为高等教育的基本内涵，没有专业性，很难被称作为高等教育。

作为高等教育的重要组成部分，高职教育需要专业活动，专业性应成为高职教育的基本内涵。高职教育是由中等职业教育发展而来，当职业教育只有初等、中等层次时，它是比较简单的，知识和技能含量少，复杂程度低，几乎不用进行专业活动。但当它发展到高级形式时，随着知识、技能在深度和广度上的提升，就出现了一个如何对日益庞大的知识和技能进行管理和传授的问题，而要解决这个问题，就必须进行专业活动。因此，专业性必然会成为高职教育的基本内涵。这种必要性还表现在：第一，高职教育要真正从当前的低层次走向本科、研究生层次，真正成为一种独立于普通高等教育的高等教育类型，不进行专业活动是不适宜的。没有专业性，高职教育就不可能真正与普通高等教育并立。第二，专业化保证了高等职业教育规范化发展。通过专业化，高等职业教育的教学体系将更为科学，开展的教育教学活动将更有依据。因此，对高等职业教育自身专业性的肯定，是高等职业教育深化教学改革的动力，并使之走上健康发展轨道的保证。第三，专业性决定和体现了高等职业教育前进的方向，是高等职业教育发展的内在力量。在信息社会或知识经济社会，正确的理念能够推动教育实践朝向正确的方向发展。

2. 高等职业教育需与社会密切联系

高等教育与普通教育的区别之一就在于高等教育与社会有着更为密切的联系，这种密切的关系集中体现在高等教育较之普通教育，其培养的人才是直接为社会服务的专门人才；高等教育（尤其是大学）可以通过科研活动创造出新的知识，传播先进的文化；高等教育与社会的联系还表现在它能够直接为社会服务。

作为高等教育中的一个重要组成部分，高等职业教育也必然具备这些职能，必须与社会紧密地联系在一起。事实上，职业教育的目的是"为职业"作准备，职业教育与社会变化息息相关，而职业教育中的高等职业教育同社会的联系与中等职业教育相比是在更高的水平上进行。但由于我国当前的高职教育主要以专科为主，发展程度还比较低，与社会经济发展的联系还只是建立在一种较低的水平上，是一种极为有限的"密切"。这种状况无疑对高职教育本身和社会经济的发展都是不利的。与此同时，高职教育还需密切与政治、文化的联系。从高等教育的发展历史来看，政治和文化因素（如政策法律的支持、传统文化的影响）对高等教育的发展起着重大的推动作用，高职教育的发展也如此。所以，在高职教育的发展研究中，须正确认识到高职教育与社会的紧密联系性，并充分利用这种联系。

二、高等职业教育的职业教育性质

教育作为一项社会活动，其主要目的是培养人才，进而促进社会经济发展，这种特征贯穿于各类教育之中。高等职业教育在培养人才的过程中具有职业定向性，这是其鲜明的特征之一。具体是指在培养人才的过程中，高职教育在职业岗位方面具有强烈的针对性、注重实践性，以及适应职业岗位发展变化的特征。对高等职业教育的职业性特征进行研究，可以让我们更深入地理解高职教育的本质特征，区分高职教育与普通高等教育的不同之处，进一步认识高等教育的本质和作用，并为我们提供有益的启示。

需要注意的是，虽然职业性是专业教育的普遍属性，但是由于专业教育的类型不同，在职业性特征方面具有不同的特点。高职教育与普通高等教育的职业性特征就有着非常明显的区别，这种区别主要表现为高职教育具有很强的职业岗位针对性、实践性以及对职业岗位变化的适应性。

（一）针对性

职业岗位（群）是高职教育安排所有活动的出发点和依据，它不同于普通高等教育。普通高等教育不会专门针对特定的职业岗位，普通教育的适应能力更加宽泛。而高等职业教育培养的人才所具备的职业岗位针对性比普通高等教育更强，其所有的出发点都是为了匹配职业岗位。

高职教育的目的就是为特定的职业岗位培养所需的人才，重点在于职业能力的获得。因此，国民经济职业体系就是这套知识体系的构成基础，其设定的专业如美容专业、秘书专业等都是根据职业岗位（群）进行的，而不是根据学科进行的；其课程和教学计划的安排都是和职业岗位（群）的职业能力相适应的，而不是为了符合学科要求；其业务目标是为了改善或谋求某种职业，所以它的关注点是从业务上对从业人员、行业和职业岗位提出要求，将相关的知识和技能提供给所需的职业岗位，而完整和系统的学科理论则不是其要追求的重点；它要学习的是基础理论，掌握应用技术和本专业所需的高新技术；其能力结构是用横向型来体现复合性的。从教学工作的角度而言，教学工作的组织原则要遵循"符合职业岗位实际"；不同专业的教学计划、知识能力结构和学生具备的素质是职业岗位明确需求的基础；对学生是否熟练地掌握了职业技能和技艺进行考核，并作出评价。总而言之，职业性与"职业岗位（群）"在高职教育中有着紧密的联系。

（二）实践性

高职教育培养人才的方向是技术型，所以培养实践能力成为高职教育的重点，这是由其人才特性决定的。以下是高职教育实践性特点的主要表现：高职教育培养的人才针对的是服务和生产的一线，是以基层为主的，能够在生产一线熟练运用各种服务、技术和管理等人员才是培养的主要目标，而非研究新的工艺、产品和技术；其教学过程的重点在于应用不同的技术，培养实践能力；在职业教育中，比重较大的是实训部分，所以上岗实践训练就必须在校完成，这样学生在毕业之后就可以进入工作岗位；高等职业教育需要双师型的专业教师，教师同时也要具备实践能力，此外，还要关注那些从生产一线来做兼职的教师所发挥的作用，而且所处的实训场所和所用的试验设备都要和现场相似，这样才能培养学生解决不同问题的能力。

（三）适应性

职业性的这一特征是普通高等教育也具备的，但普通高等教育基本都是间接联系市场和社会经济的，而不是直接的。因此，普通高等教育的职业针对性并不强，也不需要根据特定的职业岗位来设置知识体系、课程和专业，其重点在于知识和能力结构的构建，而这让普通高等教育受到的职业岗位变化带来的影响低于高职教育。所以，普通高等教育与学科联系的密切程度要远高于与社会职业岗位联系的密切程度。

而高职教育天生就和经济发展有着密切的联系，这是因为高职教育是在工业经济时期发展起来的。实践表明，高职教育的发展与经济进步和市场需求密不可分，高职教育必须依靠经济和市场这两个富有潜力的领域，以实现其全面发展。因此，高等职业教育的发展方针应当基于社会职业岗位的实际需求而制定。要想实现高等职业教育的有效作用和更好的发展，必须确保其符合社会职业岗位的要求。

三、高等职业教育的技术教育性质

20世纪之后实现了生产自动化，于是出现了一种既不属于技术工人，也不属于精英型工程师，而是处在二者之间的新型人才，即技术型人才，这是以前所没有的概念。生产自动化的不断进步，有些岗位要求技术工人要掌握理论技术，而不再是之前的经验技术。中等职业教育培养的技能型人才由于已经改变的职业岗位要求而无法达到岗位的标准，所以社会诞生了高智力的技术型人才。此外，为了保证精英型工程师应有的工作成效，会由那些技术型人才来承担不需要较高理论要求的生产一线的技术工作，由此便诞生了技术型人才。

技术型人才既要掌握自己专业领域内的基础知识和理论，还要掌握相应的生产操作能力，能够将相关技术转化成实际的物质，可以组织现场的生产，并给予相关的技术指导，解决生产中遇到的不同问题；还要给工艺、设备和产品提出相应的改进意见，擅长使用和交流不同的信息。这种复合型人才有着扎实的专业理论、较强的组织能力和熟练的生产技术，高等教育因为技术型人才展现出的需求特征而得到了发展，这种高等职业教育就属于"技术型"。

第四节　高等职业教育的功能

事物产生的作用和功效就是功能。在高等教育中，高等职业教育是必不可少的一部分，在社会和经济发展、人才培养等方面都有着不可忽视的作用。我国在建立了社会主义市场经济体制之后，高等职业教育就改变了以往的功能。通过对高等职业教育当前的功能进行深入研究，可以让我们对其发展方向有所了解，从而让高职人才为社会主义建设作出更多的贡献。

一、经济功能

《中国教育发展和改革纲要》指出:"职业技术教育是近代工业和商品经济的产物;是教育与经济的一个重要结合点,是把人才资源转化为智力资源,再把智力优势转化为现实生产力的重要桥梁。"[①] 高职教育对经济发展起到了重要的作用,因为它是将科学技术与生产力紧密结合的重要桥梁。高职教育的关键在于提高劳动者的专业知识和技能水平,从而提高劳动生产力,并进一步促进经济发展。

(一)直接推动生产力的发展

从高职教育的本质来看,高职教育与生产力、经济、产业联系最为直接、最为紧密,是推动社会经济发展的天然动力,能够将科学规律转变为实际的生产力,从而促进经济的发展。高职教育能够培养经济发展所需要的人才来直接推动经济的发展,而不像普通高等教育所培养的人才,在将知识转化为现实的生产力时还必须经过一定的转化过程。这也是世界许多国家都努力提高地方政府和企业发展高职教育积极性的主要原因。

高职教育这一优势的发挥对我国而言更为迫切。原因之一就是实现科技进步需要大量的中、高级技术劳动力,而我国大部分科研机构独立于企业之外,在将其科研成果转化为生产力的过程中,缺乏企业中间试验和制造能力等方面的辅助性技能型人力资源的支持。

(二)高职教育经济功能的有效发挥

尽管高职教育是在1945年以后逐渐兴盛起来的,但在已经到来的知识经济时代仍将发挥巨大的作用。这是因为:随着新科技革命的浪潮不断推进,新的产业革命和产业结构升级必将出现。未来生产过程将更加集约化和自动化,生产技术也越来越高超。随着生产设备的不断升级,产品的技术含量也将呈现出日益提高的趋势。随着知识经济的到来,传统职业的内涵愈加深厚,工作难度日益提升,工作内容也更加智能化;同时也涌现出一些全新的职业岗位,这些新的职业岗位既要求具有深厚理论基础,又要求具备高超技术技能。现今,从业人员基于低文化水平培养出来的职业技能已经跟不上社会的发展,不能满足社会的需求,而更

---

① 刘金桂,史秋衡. 高等职业教育发展研究[M]. 厦门:厦门大学出版社,2004:52.

需要进行职业教育的高移化，以满足社会经济发展的必要需求。

目前，在知识经济时代背景下，人们开始意识到知识是最为重要的财富，它是发展经济的重要基础，一些西方学者更断言知识将最终代替一切有形资源。不过，只有通过转化知识才能最终变为真正的现实资源。科技成果的转化和产业化实际上就是知识转化的过程。这个转化过程与科学研究和生产加工紧密关联，是必不可少的，也是极其重要的。倘若缺乏这一过程，即使科研成果再先进，也难以为社会发展作出积极的贡献。在转化科技成果和产业化科技成果的过程中，拥有一定技术水平和生产加工能力的生产团队至关重要。他们是最新科技成果的普及和应用者，同时也是社会生产力的展示者和推动者。为使他们适应知识经济的这一发展要求，必须重视工艺技术和操作能力的培养，重视高职教育的发展。

二、教育功能

（一）教育系统中的体系与结构认知

国民教育体系是由不同种类和不同层次的教育结合而成的完整的教育系统。从系统论的观点来看，在社会这个大系统中，教育系统作为一个子系统，其以学校为基本组成单元，与其他子系统如政治、经济、科技等相互作用、相互制约，紧密相连。同时，教育本身又是一个小系统，由教育的各个要素按照一定的结构所组成，并形成一定的体系。

系统论表明，系统的基本要素包括结构和功能，它们相辅相成。结构是决定功能的基础，而功能则是体现结构的外在表现。某种特定的结构总是对应着特定的功能，只有使用最优结构才能达到最大化的功能效益。系统结构也会受到功能的反作用，如果系统的功能无法适应环境的变化，则可能需要对系统结构进行改进，否则会导致系统结构的恶化。

所以，系统必须具有合理的结构，不合理的结构必定会影响到功能的正常发挥。教育作为一个具有独立结构与功能的系统，也必须考虑到系统优化的问题。一般而言，教育可以通过内部结构的合理构建和动态调整，使其自身与其他社会子系统之间，以及系统内部的各个小系统之间相互协调、共同发展，从而充分发挥教育的功能。

(二)高等职业教育在教育体系与结构中的重要地位

教育结构是由人才结构来确定的。社会需要什么样的人才,作为以人才培养为己任的教育就必须具备相应的教育品种与类型,否则就会失去其应有的价值。按照人才知识与能力结构的不同,人才可分为理论型人才、高技术人才、技术型人才和技工。这四类人才的社会功能虽有显著差异,但都为社会所需,不可或缺,缺乏任何一种类型的人才,或这些人才类型之间比例不合理,都可能严重影响到社会的正常运转。

人才是由教育培养出来的,人才类型的不同决定了教育类型的差异。人才的结构和体系,决定了教育的结构和体系。因此,与人才结构相对应,教育可以分为学术型教育、高技术型教育、技术型教育、技工教育。作为现代社会的组织系统,这四类教育也同样是不可或缺,并须具备合理的结构,以发挥其固有的功能。

根据国际教育分类标准,学术型教育和高技术型教育在5A阶段进行,一般是由普通高等教育组织实施;而技术型教育一般是在5B阶段进行,由高等职业教育来实施;技工教育则在3B阶段进行,由中等职业教育进行,它与5B级教育直接相通。由此可知,高等职业教育是一个与普通高等教育和中等职业技术教育相互衔接与沟通的、独立的教育类型,它们与基础教育共同构成一个完整的教育体系与结构。

(三)高等职业教育是完善国民教育体系的关键

如前所述,当前我国教育中的诸多弊端,在很大程度上是由教育结构上的不合理造成的,而要改变这种现象,也必须从调整结构开始。高职教育是高等教育和职业教育的连接点,是调整高等教育和职业教育结构的关键所在。

1. 明确高等职业教育的定位

当前我国高等教育结构失衡所带来的问题,主要原因在于高职教育的定位不明,无法培养出社会所需要的技术型人才,从而制约了高等教育功能的正常发挥。明确高职教育的定位,可以使高等教育体系的结构合理化,功能完整化。高职教育的发展,一方面可以通过培养社会所需要的技术型人才,满足社会对高等教育的需要,完成高等教育的基本职能;另一方面可以成为推进高等教育大众化的重要力量。

发达国家的成功经验表明，在现有的高等教育中分化出一种新的高等教育类型——高职教育，并以法律形式加以确定，这是多个发达国家在经济和教育逐步发展后普遍出现的情况。在过去的半个世纪中，特别是20世纪60年代以来，许多发达国家设置高职教育成为高等教育结构调整及其政策与发展的共同选择。可以预测，大力发展高等职业教育也是我国社会经济发展和高等教育结构调整的必然要求。

2. 完善高职教育体系

完善高职教育体系可以大大促进职业教育发展的合理化。一方面，有利于中、高职教育的沟通与衔接。高等职业教育定位不明，使中等职业教育与高职教育难以进行有效的沟通与衔接，在很大程度上降低了职业教育的吸引力，阻碍了职业教育的发展。因此，完善高职教育体系，有利于二者的衔接，有利于中等职业教育的毕业生继续深造，从而增加职业教育的吸引力。

另一方面，大力发展高职教育，可以使高职教育成为一个完整的教育类型。当前，高职教育主要集中于专科层次，极大限制了高职教育功能的发挥。作为与普通高等教育并行发展的一个独立体系，高等职业教育要继续生存和发展下去，就必须健全体系，建立完整的教育层次。

三、社会功能

相比较而言，人们已经认识到了高职教育的经济功能，但社会功能却是一个相对不太被熟知的议题。当然，高等职业教育的社会性功能并不是其固有的内在功能，而是在当前社会独特的发展背景下所具有的独特作用。了解高职教育社会性功能的这一特性，对更完整地理解高职教育有着启示性作用。

（一）推动高等教育大众化

现代社会的发展必然导致高等教育的大众化，而高职教育的发展适应了高等教育大众化的发展需要，是高等教育大众化的重要组成部分，在很大程度上满足了社会适龄青年接受高等教育的强烈需求。

总体而言，社会发展对高教的客观需要和国民对高教主观上的强烈需求，促进了各国高等教育的大众化。但就目前而言，我国高等教育的现状很难满足高等教育大众化趋势所带来的高等教育扩张的要求。

一方面，我国高教总体规模不大，无法满足人们强烈的入学需要。我国高等教育的毛入学率虽说已达到了高等教育大众化的底线，但与我国经济社会发展的需要以及人们对高等教育的需求，还有一定的差距。这导致供需矛盾尖锐，不仅减缓了国家迈入现代化进程的步伐，而且难以满足广大老百姓接受更高层次教育的需求。与此同时，还对基础教育的健康发展造成了影响，使得我国的素质教育难以进一步发展。因此，高等教育的大众化是不可避免的发展方向。

另一方面，我国当前的高等教育体系源自精英教育时代，社会大众更偏向于注重普通教育，而对职业教育则未能给予足够的重视和关注。由此形成了学术类型的高等教育在社会上地位较高的局面，无形中压制了高等职业教育的发展。这种以学术型普通高等教育为主导的高教体系，在社会经济不甚发达实行精英教育的时代，尚能适应社会的需求。但到了大众化时代，为满足更多的适龄青年接受高等教育的要求，仅仅依靠就业容量有限的学术型普通高等教育是不可能的。因为学术型普通高等教育的扩充会使培养出来的学术型、高技术型人才数量超过社会的实际需要，造成人才的结构性过剩，浪费大量的社会资源。同时，由于社会资源过度集中于学术型的普通高等教育领域，使得能够适应社会之所需的教育类型在发展上受到很大的限制，从而严重影响了社会经济的持续稳定发展。

因此，我国在加快高等教育大众化的进程中必须另寻他途，即通过大力发展其他类型的高等教育，使高等教育能够更好地发挥其社会服务功能。

为推动高职教育的发展，我国政府也先后制定了诸多政策，规定今后一段时间里，本专科生的增量指标主要用于发展高等职业教育。为加速我国高等教育大众化的发展进程，满足社会各方面的需求，必须把发展高职教育视为整个高等教育发展的重点。

（二）积极解决就业问题

我国的基本国情是人口众多，尽管人口众多为劳动力资源提供了丰富的来源，但同时也给就业问题提出了巨大的挑战，尤其是在生产力持续发展而劳动力素质普遍不高的情况下，失业问题不可避免地成为人们关注的焦点。随着农村劳动力向城市转移，以及产业结构调整，我国面临着前所未有的就业难题。

我国出现就业困难问题是多种因素造成的，但其中最为关键的因素是我国劳动力的素质较低，很难胜任新型职业技术岗位。因此，为了有效缓解就业压力，我们需要从根本上提升劳动者素质，这可以通过教育来实现。特别是高等教育。同时，高等教育结构的不合理也是造成结构性失业的重要原因。在高等教育的发展问题上，长期以来我国只重视学术型普通高等教育，对高职教育却置之漠然。这一方面造成技术型人才的不足，另一方面也使得学术型、高技术型人才的过剩。因此，从根本上而言，发展高职教育是解决当前我国失业问题的最佳选择。

第二章 高等职业教育管理体制的创新

体制创新内容应包括三个方面：一是提升对市场应变能力的机制；二是增强内在的发展动力的机制；三是调动人积极性的机制。高等职业教育的管理体制创新，应想方设法最大限度调动与办学相关的各方积极性和创造性，增强办学活力，提高人才培养质量，形成政府主导、行业指导、企业参与、公办民办共同发展的，能促进高等职业教育良性发展的多元化办学体制。

第一节 高等职业教育管理体制创新的基本概念

一、管理体制的含义

《辞海》将"体制"解释为"国家机关和事业单位机构设置和管理权限划分的制度"，《辞源》则定义为"组织机构和运行程序"。管理体制概念的内涵较为丰富，在不同领域，侧重于不同的内容，经济管理体制指国民经济各部门、各地区的组织管理形式、管理权限划分、管理机构设置、管理方法等；行政管理体制是国家行政机关进行行政管理活动的组织形式和有关管理的制度、办法的总称；工业管理体制是国家组织领导工业经济活动的组织形式、管理机构设置、各管理层次责、权、利的划分与结合，以及管理的基本制度和方法等方面。但不管何种领域的管理体制，都包含了机构设置、权限划分、运行机制等要素。所以，管理体制的含义可概况为：为实现一定的管理目标而制定的系统化管理制度，包括组织目标、机构设置、管理权限划分以及运行机制等。

二、高职院校管理体制的含义

要定义高等职业院校管理体制的含义,首先必须弄清楚高等职业教育的含义,必须弄清它与高等教育的关系。20世纪90年代以来,我国高等职业教育进入了一个新的发展时期,但人们对什么是高等职业教育并未取得一致的认识。在各类报刊关于高等职业教育的文章大都将其描述为"服务地方""能力本位""应知应会""按照职业岗位群设置专业""以市场导向选择课程内容"或者"不以学科为导向"等。并且在一部分人的观念中,成人教育就是高等职业教育。这些对高等职业教育的认识是不全面的甚至是错误的。高等职业教育与我们平常所说的普通高等教育在逻辑关系上,是都从属于高等教育体系的互为补充的两类教育,二者具有类别之分,不应成为层次之分。我们可将高等职业技术教育界定为:由高等学校和高等教育机构实施的旨在培养高级技术技能人才的高等教育。在界定了高等职业教育后,对高等职业院校管理体制含义的把握就有了一定的方向,可以根据高等教育管理体制的定义来定义高等职业院校管理体制:为实现高等职业院校的办学目标而设置的高等职业院校的组织结构、权限划分及其相互关系和运作方式。它是高等职业技术教育的微观层面,是高等职业院校的内部管理。而宏观层面的高等职业教育管理体制指的是政、行、企、校之间的关系。在理解高职院校管理体制的含义时,必须明确高职院校的办学目标,实则是要明确高等职业教育人才培养与普通高等教育及中等职业教育的区别。培养适应时代需要的、为地方经济发展服务的、能够在国内和国际劳务市场竞争中取胜的应用型、复合型、创新型技术技能人才,这是高等职业教育的根本任务和基本办学目标,也是高等职业教育的生命力所在。

三、高职院校管理体制创新的基本理论

改革开放后,我们从计划经济体制向市场经济体制转变的时候,没有人是有经验的,各行各业都是在摸着石头过河,无论是企业家还是政府管理层,都是在认识—实践—理论—实践这种循环往复中总结经验与教训而成的。同理,高职教育应如何进行,也并非理论性强的顶层设计之下的产物,高等职业教育有关的组织制度、隶属关系、职权划分等方面的体系和制度的形成都是先试后理的。20世纪80年代,《中共中央关于教育体制改革的决定》明确了实行中央、省、中心城

市三级办学的高等教育管理体制。最早建立的一批职业大学基本是作为地方城市办的专科学校，使用的是普通高等教育管理体制。职业教育法颁布后，一批优质中等职业学校纷纷升格为高等职业技术学校，基本套用高等专科学校的设置标准，造成了高等职业教育管理上的混乱，客观上也导致职业大学向学科教育合流的趋势。1999年高校扩招后，有些职业大学直接升本，成为地方普通本科院校，而中职升格的高职院校，则被列入高等教育的专科层次。各种办学都在提升层次中庆祝教育地位的提高，却忽视了教育类型的特色发展。后来，中央提出中央—省两级管理以省为主的高等教育管理体制，权力重心下放到省，这比中央高度集中的管理体制有很大突破，但对于高等职业教育管理并不完全适合。因为，高等职业教育的办学主体多不是省级政府，而是行业、企业和省以下地方政府。所以，对高等职业教育管理体制的改革，两级管理略显宏观，应实行多元办学（包括公办和民办）、分级管理，政行企校统筹协调，共同推进高等职业教育类型化发展。在落实办学主体管理权下移的过程中，要充分释放高等职业学校的办学主权和法人实体的独立性，按照"政事分开"的原则，明确高等职业学校的权利与义务。机构设置、干部任免、经费使用、工资分配、招生计划、专业调整、职称评定等方面，在目标绩效管理总框架下，在面向社会的竞争中高度自治、自律，谋求生存和自我发展。这才是高等职业教育接轨市场的基本含义，也是政府进一步转变职能改革高等职业教育管理体制的核心要素。

　　从静态看，职业教育管理体制是一种组织体系，从动态看则是一种运行机制，两者构成一个统一体。作为统一体，职业教育管理体制的功能有：领导和指挥的功能，职业教育的管理人员对职业教育事业进行领导，代表国家行使权力；权力分配的功能，参与职业教育活动的各方明确各自的权利与义务关系，按规则办事，保证职业教育活动的顺利进行；分工协作的功能，参与职业教育的各种力量彼此间分工，又通过管理体制发挥共同协作的作用；提高效率的功能，科学合理的管理体制，使围绕于高职教育的各方办学主体之间彰显整体性、协调性特点，以最优的方案、最准确的行动、最省时间的程序完成最复杂的任务，充分发挥体制自身的高效运行功能。

　　体制创新就是要建立起适应从工业文明向信息文明转变发展需要的、高知识起点和高技术含量的现代职教体系。"双元制"再好，也毕竟是适应工业革命时代的产物。随着人工智能技术的加速发展，这种重复性操作劳动都将被机器所替代，"双元制"也终将被改制或重组，职业技术教育的"二流性"也终将被与其他教育类型的平起平坐所代替，这是职业教育发展的必然趋势。今后10年，职业技术教育应形成其初、中、高体系完整且相互衔接，又能与普通中、高等教育相互沟通和协调发展的职教体制；职教的招生不再通过中、高考按分数强制分流，让低分者以考试失败者的形象被迫接受职业教育。而是让职教与普教以平等类别身份，由学生根据兴趣和意愿参与二者各具特点的考试，最终学生在普教和职教两个不同类型教育道路中，被培养成社会和国家所需要的优秀人才。没有等级、智力上的区别，只有规格和风格上的差异，只有职业分工工作内容上的差异，都能在社会上享有盛誉，得到社会的尊重。

　　高职院校管理体制实质上就是解决高职院校如何有效运转的一种组织模式，可从理论上概括为四个方面的内容：一是管理体制，推动高职院校各个管理层次、各个环节协调有效运转，以达到预期目标的客观推动力和约束力；二是组织机构，对高职院校各项活动进行组织管理的单位及人员配备，是各项管理职能的具体承担者；三是管理制度，是对管理机制、管理原则、管理方法以及管理机构设置的规范；四是管理方法，是具体的管理手段和措施。高职院校内部管理体制创新是一个系统工程，要对现行管理体制中不适合高职院校发展和不合理部分的改进、完善和创新。同时，它又相对于国家宏观教育管理体制改革而言，是宏观教育体制改革内容的有机组成部分，需要在宏观改革措施的引领和指导下实施，不得自说自话、我行我素。2019年出台的《国家职业教育改革实施方案》就是这种指导引领纲要，应在它的改革思想框架下开展高职院校内部管理体制创新。

（一）管理机制的创新

　　中共中央、国务院1993年2月颁布的《中国教育改革与发展纲要》，提出我国教育改革的目标和任务是，要改革原先那种与计划经济体制相适应的教育体制，建立与社会主义市场经济体制、政治体制和科技体制相适应的新教育体制。之后的30年中，引入市场机制、激励机制、竞争机制，充分激发和调动广大教师的积极性，成为高校与国家宏观教育体制改革相适应的内部管理体制改革任务。深化高职院校内部管理体制改革，就是要将与社会主义市场经济体制相适应的机制引入高职院校人事管理、招生管理、教学管理、科研管理的方方面面，市场机制和竞争机制的引进，就是要高职院校实行开放式管理，与社会、与市场的广泛联系，主动适应社会经济发展的需要；就是要高职院校要努力提高自身的竞争实力和应变能力，保证在竞争中求生存和发展；就是要高职院校内部建立起优胜劣汰、奖勤罚懒的有效机制和手段。然而，改革了几十年，高职院校去行政化的改革任务依然艰巨，路阻且长，仍需努力。

（二）管理机构的重组

随着高职院校法人地位的确立，政府对高职院校的管理职能逐步转变，由直接行政管理，向运用立法、拨款、规划、信息服务、政策指导和必要的行政手段进行宏观管理的转变。由此，高职院校自我运行的独立性越来越得到体现，这就对高职院校的决策和管理提出了更高的要求。

第一，科学决策是保证高职院校改革成功和取得良好效益的关键。高职院校要建立起科学的决策机制，需要实施战略管理，一切决策要着眼于全局和长远发展来考虑；需要切实落实目标责任制和岗位责任制，高层、中层、基层奖惩职责分明；需要采取科学的决策程序和方法，避免领导意志和主观臆断。

第二，组织架构关系到高职院校能否真正实现转换机制、提高效率、增强活力的目的。高职院校应建立起二级学院为办学主体的校、院、室三级管理体制，强化二级学院的主体功能，将责、权、利向主体位移，有利于去行政化，激发办学主体的活力，也有利于实现学校对师资、教学、科研等工作的统筹规划、全面安排，形成统一的协调整体。

第三，精简机构，改变过去那种按党、政、群团分列设置管理机构的办法，转为按管理职能设置管理机构的办法。即按教学、科技、学生、后勤服务、人事组织等系统设置相应的管理机构。对职能相近、业务交叉的管理机构进行合理的撤、并、合和调整，减少管理层次，压缩管理干部队伍。人事政策向教学和科研一线倾斜，保证管理水平、工作效率和办学效益不断提高。

（三）管理制度的创新

建立、完善和创新各项管理制度是深化高职院校内部管理体制改革顺利进行和取得预期效果的根本保证。主要做好基础管理和建立新的规章制度两个方面的工作。基础管理工作包括定编、定岗、考核、统计、信息等工作，它是实行科学化、规范化管理，提高工作效率必不可少的工作，这些工作做不好，改革就成为无源之水、无本之木。建立健全与改革相配套的各项规章制度，就是要对过去执行的规章制度进行清理，废除与目前形势和学校发展不相适应的规章制度，各项制度要相互配套，互相促进，这是深化改革的基础。

（四）管理方法的创新

1. 实行目标管理

高职院校要改变过去计划经济体制下形成的那种层层控制、重过程轻效果的政管理模式。由行政管理模式转为目标管理模式，实行领导干部任期目标责任制和工作人员岗位目标责任制，层层分解和落实，严格考核。克服过多的束缚基层手脚的过程干预，调动各级各类单位和人员的积极性，增强活力，从而保证总体目标的实现。

2. 实行分类管理

根据党政分开、管理与办学分开的原则，对教学科研、学生管理、后勤服务、党政管理等不同单位和特点采取不同的管理方法，分别建立各自管理模式、不同系列的职能和运行机制，改变过去计划经济体制下形成的单一行政管理方法。对基地、工厂、后勤社会化服务单位采取企业化管理方法，对党政管理部门采取行政化管理方法，对教学、科研单位采取经济与行政相结合的管理方法，从而提高管理的针对性和有效性。

第二节　高等职业教育管理体制创新构想

一、完善相关法律法规体系

我国在《教育法》的基础上，相继颁布了《职业教育法》《教师法》《社会力量办学条例》《就业准入制度》《中外合作办学条例》《继续教育条例》等法律法规，在规范职业教育的发展方面发挥了有效作用。但仍然存在法律体系欠完备等问题，需要结合自身情况，制定具体的实施细则以及相应的地方落实性法规。完善立规后，需要充分利用各种媒体、自媒体等舆论工具加强宣传，提高国民对高等职业教育与社会发展的关系、职业教育的就业功能、职业教育社会地位重要性等问题的认识，提高职业教育对于层次定位、社会定位、经济建设，满足市场对人才的需求、功能定位（培养应用型人才）的理解；在统一战线的基础上，管理部门须明确高等职业教育管理体制各个环节的职责与任务，开展教育督导，保证职业教育法规的贯彻执行，老百姓知法懂法尊法，从而形成一个重视并有利于高等职业教育改革与发展的社会生态。

二、贯彻"以人为本"的教学理念

教育教学中的"以人为本"就是"一切为了学生，为了学生的一切，为了一切学生"以学生为中心的原则。未来教育最高境界是尊重学生个体差异，发展学生个性特长，挖掘学生潜能，发挥学生学习的自主权，确立学生在认知过程中的主体地位。高职教育应由"应试教育"向"素质教育"转轨，应由"强调教育"向"重视服务"转变，服务于学生，服务于经济社会，把社会目标与个性目标相结合，培养职业性人格素质，培养学生的创新精神和创新能力，以人才的多种规格适应社会对人才的多种需求。

三、大力推进"订单培养"模式

"订单培养"就是学校根据企业与学生签订的合同确定教育目标，与企业一起培养企业所需要的人才规格、知识技能结构，企业可以深入参与学校的课程设置、教学内容和学习成果评估等，从某个岗位群出发，为学校进行职业分析，明确支撑职业或工作所需的知识与技能内容。这种模式因企业的一张"用人"预定单，而把企业与高职院校紧密联结，成为涵盖整个教育流程的一整套培养安排。这种模式恰好吻合了高等职业教育职业定向性的本质特征，提前解决了高职学生的就业问题。

"订单培养"是将职业院校融入市场经济的具体体现，一举三赢，一是解决了学生为谁学、学什么、为谁服务的问题；二是把校企松散的意向性合作变成实质性的联办，促进了产教融合，提升了高职院校的办学质量；三是增强了校、企、生三方的沟通与互动，避免了职业院校培训学生的盲目性，减少了学生学非所用的烦恼，解除了企业用非所学的困惑。

四、探索办学形式多元化

根据《职业教育法》，职业教育的范畴包括职业学历教育与非学历教育，非学历教育是终身教育理念的载体，在终身教育思想引领下，高等职业教育由"终结教育"发展为"终身教育"，从边缘走向中心，从封闭转向开放。通过实施现代远程教育、技术资格等级证书培训、合作办学等，最大限度地统筹使用教育资源，走校企合作、校际合作、国际合作的道路，实现优势互补。产、教、研紧密结合，按"上岗—培训—再上岗—再培训"的模式进行培训，给不再具有学生身份的从业人员的终身学习提供机会。同时，高职院校积极探索"公有民办""民办公助"股份制等多元化办学模式，进一步盘活教育资源。

第三节 新制度经济学与高职院校管理体制创新

为了适应市场经济发展和高等教育大众化的需要，高职院校管理体制改革已在全国全面展开。结合本地的实际，在探索高职院校管理体制改革方面取得了一定成效，但改革的关键在于实现制度创新。本节以期为高职院校管理制度变革提供一个新的视角。

一、新制度经济学的基本理论

新制度经济学是一个重要的西方现代流派，形成于美国20世纪70年代到80年代。简单地讲，新制度经济学就是用经济学的方法研究制度的经济学。诺思认为："新制度经济学的目标是研究制度演进背景下，人们如何在现实世界中作出决定又如何改变世界。"[1] 同时他认为："制度是一种社会博弈规则，是人们所创造的用以限制人们相互交往的行为的框架。"[2] 新制度经济学理论主要是将西方激进经济学和新古典经济学这两种在美国占主导地位的经济学范式相互融合，形成的一种理论体系。

新古典经济学从个人心理出发，以均衡和一致为原则，研究方法上，新古典经济学采用了较为静态的方法。有现代新古典经济学家指出，青年经济学家经过

---

[1] 蒋洁. 高职教育管理创新论 [M]. 长春：吉林大学出版社，2007：68.
[2] 黄建康. 后发优势理论与中国产业发展 [M]. 南京：东南大学出版社，2008：54.

经济学训练后，普遍倾向于保守主义思想。而使用价格体系方法能解决一切经济制度问题，他们认为改变社会组织不能解决基本的经济问题。他们也不信任功能主义方法，但在社会科学领域，新古典经济学确实是最完备最严密的保守主义范式。与之相对立的是现代激进经济学。有学者认为，它既来源于古典经济学传统、马克思主义传统和凯恩斯主义左派传统及后凯恩斯主义传统，也受到凡勃仑制度经济学的强烈影响。西方激进经济学范式多以资本主义改良者的面目出现，该范式从经济事物之间的相互联系着手，重视从社会关系方面看问题，反对采用孤立的方法看问题。另外，激进经济学范式总是围绕着政治经济学的进程在研究，总是在寻找进程的推动力和阻碍力，进程中的对抗和对抗引起的发展，总是围绕着阶级利益集团分析权利的转移和变化。但这种对立并未完全阻止它们的混合，以科斯、诺思、斯蒂格勒为主要代表的新制度经济，在很大程度上是融合了这两种范式的方法而形成的。

新制度经济学的基本理论有四个：交易费用理论、企业理论、产权理论和制度变迁理论。

（一）交易费用理论

在新制度经济学中，交易费用理论是最核心的概念。交易费用思想是科斯在1937年的论文《企业的性质》一文中提出的：交易费用应包括度量、界定和保障产权的费用，发现交易对象和交易价格的费用，讨价还价、订立合同的费用，督促契约条款严格履行的费用等。交易费用的提出对新制度经济学具有重要意义。由于经济学是研究稀缺资源配置的，交易费用理论表明交易活动是稀缺的，市场的不确定性导致交易也是冒风险的，因而交易也有代价，因而也就有如何配置的问题。资源配置问题就是经济效率问题。所以，一定的制度必须提高经济效率，否则旧的制度将会被新的制度所取代。这样，制度分析才被认为真正纳入了经济分析之中。

（二）企业理论

科斯运用其首创的交易费用分析工具，对企业的性质及企业与市场并存于现实经济世界这一事实作出了先驱性的解释，将古典经济学的单一生产制度体系——市场机制拓展为彼此之间存在替代关系的，包括企业与市场的二重生产制度体系。"科斯认为市场机制是一种配置资源的手段，企业也是一种配置资源的手段，二者是可以相互代替的。在科斯看来，市场机制的运行是有成本的，交易费用的节省是企业产生、存在及替代市场机制的唯一动力。对企业与市场的边界，科斯则认为由于企业管理也是有费用的，企业规模不可能无限扩大，其限度在于：利用企业方式组织交易的成本等于通过市场交易的成本。"[1]

（三）产权理论

新制度经济学家一般都认为："产权是一个社会所强制实施的选择一种经济物品的使用的权利。"[2] 另一种说法认为："产权是一种通过社会强制而实现的对某种经济物品的多种用途进行选择的权利。"[3] 产权经济学大师阿尔钦认为："产权是一个社会所强制实施的选择一种经济物品的使用的权利。"[4] 这揭示了产权的本质是社会关系。只有在相互交往的人类社会中，人们才必须相互尊重产权。

产权是一个复数概念，它是所有权在市场关系中的体现，本质上，是在市场交易过程中作为一定的权利所必须确立的界区，包括所有权、使用权、收益权、处置权等。当一种交易在市场中发生时，就发生了两种权利的交换。交易中的产权所包含的内容影响物品的交换价值，这是新制度经济学的一个基本观点之一。产权实质上是一套激励与约束机制，影响和激励行为是产权的一个基本功能。新制度经济学认为，产权安排直接影响资源配置效率，一个社会的经济绩效如何，最终取决于产权安排对个人行为所提供的激励。

（四）制度变迁理论

制度变迁理论是新制度经济学的一个重要内容。其代表人物是诺思，他强调技术的革新固然为经济增长注入了活力，但人们如果没有制度创新和制度变迁的冲动，并通过一系列制度构建把技术创新的成果巩固下来，那么人类社会长期经济增长和社会发展是不可想象的。总之，诺思认为："有效率的经济组织是经济增长的关键；一个有效率的经济组织在西欧的发展正是西方兴起的原因所在。"[5]

制度变迁的原因之一就是相对节约交易费用，即降低制度成本，提高制度效

---

[1] 苏丽莉. 房地产经济学 [M]. 北京：北京理工大学出版社，2001：66.
[2] 罗必良. 新制度经济学 [M]. 太原：山西经济出版社，2005：265.
[3] 刘翔. 碳减排政策选择及评估 [M]. 北京：知识产权出版社，2021：41.
[4] 伍先斌. 新制度经济学要义 [M]. 北京：光明日报出版社，2007：29.
[5] 袁永科. 国民财富与国际经济博弈 [M]. 北京：知识产权出版社，2021：8.

益。所以制度变迁可以理解为一种收益更高的制度，对另一种收益较低的制度的替代过程。产权理论、国家理论和意识形态理论构成制度变迁理论的三块基石。

二、新制度经济学视野下高职院校管理体制创新的策略

（一）重塑制度创新主体

我国高职院校管理体制的创新受到多个利益主体的影响，这些主体的实力和态度的对比影响着整个制度变迁过程。在高职院校的管理体制改革过程中，政府一直是推动制度创新的主要力量，政府出台了各种政策和措施来支持高职院校改革。高职院校本身则承担执行者的角色，积极响应国家改革的号召。随着改革的加深，高职院校获得办学自主权后，政府和高职院校共同推动管理体制创新，促进了制度变革。然而，由于体制创新在一定程度上出现宏观主体与微观主体之间的一定分化，政府因下放权力等因素而主动推进改革的意愿减弱，同时高职院校面临着大规模的人员分流、经费缩减、机构精简等问题，导致其内在动力不足。因此，需要采取一些措施来重新激发这两方的积极性。首先，需要使政府人员和高职院校改变思想观念，解放思想、创新理念。要让他们意识到有时教育、文化、科研、体育、卫生活动也能走市场化道路，社会公益事业不一定只能由政府组织。其次，打破陈旧思维，树立服务意识。为在改革过程中利益受损的群体承诺一个明确的、好的预期，让他们理解虽然改革可能暂时会对他们造成一些损失，但最终收益更大，即改革带来的益处一定大于改革投入。需要及时对受损的利益群体进行补偿。再次，适时适当地补偿在改革中利益受损的人群。最后，在进行权力或利益资源的改革再分配时，必须遵循公平原则，并确保绝大多数人都能够受益于改革结果。

（二）明确政府职能

具体而言，政府在高职院校的管理职能方面，主要涉及以下几个方面：第一，规划和立法。政府制订宏观规划和相关法案，指导高职教育发展，使其与社会经济发展相协调和适应，并确保高职教育在社会中得到应有的重视和地位，保护高校权益不受社会其他部门侵犯。第二，拨款与筹款。政府需要确保高职院校的办学经费占据政府预算的合理比例。协助高职院校应积极开拓各种渠道，从社会筹

集办学经费,以解决其财政上的问题,政府拨款不仅可以确保高职教育的稳定发展,也能体现政府对高校教育的重视。第三,评估和监督。政府应该成为评估高职院校办学质量和办学方向的权威机构,监督和引导高职院校的办学质量和办学方向。政府还应当协调各界力量对高校进行全面评估,建立社会评估机制。第四,制定高职院校的设立标准,审核新建立的高职院校。第五,制定高职院校工作人员的任免标准,以此为标准自主选聘高职院校院长,并根据此标准考核高职院校领导。政府在高职院校的管理中扮演的是规划和协调的角色,而不是直接行政领导者的角色,目的是促进高等教育事业的发展。

(三)化解创新成本,协调利益关系

在高职院校管理体制创新过程中,如何承担创新成本是一个亟待解决的问题。高职院校管理体制创新需要支付由历史原因导致的债务、社会负担以及人员问题形成的高额转换成本,还需要承担具体的实施成本。如果我们不能有效化解这一系列的成本问题,体制创新就可能失败。为了解决创新成本问题,我们可以从以下几个方面着手:一是应该建立一种多元化的成本承担机制,政府、高职院校和社会应该相互合作,而不是让其中某一方独自承担成本。尤其是政府需要承担起支付改革成本的责任,如财政拨款、差额补贴。二是让高职院校的职工也参与到改革政策的选择和制定中。高职院校职工和学生家长的利益与改革密切相关,他们的意见应该被纳入改革政策的制定和利益再分配决策中。这样做不仅能够增强社会对改革政策的认同,还能够减轻改革所面临的阻力。三是需要注意将地方上的改革和高职院校改革的规划相结合。要统一推进、总体规划、综合协调高职院校的改革,使改革的力度与社会的可承受程度相互协调,以最小的成本实现创新。

(四)建立高校党委领导下的新型的法人管理机制

产权制度改革要遵循所有权与经营权相分离原则和政事分开原则,逐步推行高职院校产权制度改革,明确其产权归属。政府需要改变高职院校的产权管理方式,从实物形态管理向价值形态管理转变,以便赋予高职院校法人所有权,并实现高职院校的权利、责任、利益的一体化管理,从而促进高职院校更好地发展。此外,根据对现代事业单位管理制度的构想,可以通过设立注册登记制度从法律上确认社会主办、个人举办高职院校的非政府、非企业的性质,确立其独立的主

体地位。使其拥有必要的财产、权力行为等，能以自己的名义依法向社会自主开展教学、科研和生产活动，独立承担相应责任，并公开接受政府和社会的监督。只有这样，才能提高服务质量和效率，并建立有效的激励与约束机制。需要强调的是，高校拥有的办学自主权与校长行使的行政权是截然不同的。高职院校实行的是党委领导下校长负责制，学校的各项自主权不是属于校长个人的，而是属于整个学校的。换言之，办学自主权不能由校长一人独揽，而应由学校的议事决策机构及其权力机构来掌握，校长只是学校的法人代表以及学校各项民主决策的行政执行者。

（五）搞好配套改革

高职院校管理体制的创新牵涉多个方面，如经济、政治、科技等方面，直接关系到许多学生家长和教职工的利益。因此，需要同时进行体制创新和政策配套、制度的供给，以建立一个良好的制度和政策环境来推动改革。第一，要建立和健全法律法规体系，确保在改革过程中有法可循。第二，需要加速建立公共财政制度，进一步优化财政收支模式，以确保政府财政对创新的支持。第三，需加快劳动就业和社会保障制度建设，为高职院校富余人员解决就业与安置问题，可以提供再就业知识培训、鼓励自主创业以及推进行业人员流动等措施，并尽快建立健全的社会保障机制。

第三章 高等职业教育的师资培养与人才培养创新

本书第三章高等职业教育的师资培养与人才培养创新，分别介绍了两个方面的内容，依次是高等职业教育"双师型"师资培养创新、高等职业教育人才培养模式创新。

第一节 高等职业教育"双师型"师资培养创新

一、"双师型"教师概念的提出

1998年，"双师型"教师概念首次提出。在《面向21世纪深化职业教育教学改革的意见》中，国家教委第一次提出了"双师型"概念。此后，中央在一系列有关高职教育的文件和讲话中反复提及该概念。其中影响较大的是：

（1）1999年6月13日，《中共中央、国务院关于深化教育改革全面推进素质教育的决定》在第18条，"把提高教师实施素质教育的能力和水平作为师资培养、培训的重点"中明确指示："注意吸收企业优秀工程技术和管理人员到职业学校任教，加快建设兼有教师资格和其他专业技术职务的'双师型'教师队伍。"[1]

（2）2004年2月，教育部长周济在第三次全国高等职业教育产学研结合经验交流会上的讲话中指出："加快建设一支'双师型'的职业学校教师队伍。职业院校人事制度改革的核心，是要建立一支能够适应职业院校以就业为导向、强化技能性和实践性教学要求的教师队伍。要进一步扩大职业学校的用人自主权，打破学历限制、身份限制，坚持能者为师。教育部门要配合人事部门，制定政策措

---

[1] 王培松. 产教融合视域下高职教学管理理论与实践研究[M]. 长春：吉林科学技术出版社，2021：154.

施,充分利用各方面的技能型人才,开辟具有丰富实践经验的专业技术人员和能工巧匠进入职业院校的绿色通道,鼓励教师在企业和学校间有序流动,建设专职和兼职相结合的教师队伍,建立与职业教育相适应的教师聘任、评估、奖惩办法和编制管理办法。"①

(3) 2005年10月,《国务院关于大力发展职业教育的决定》明确提出:"实施职业院校教师素质提高计划,地方各级财政要继续支持职业教育师资培养培训基地建设和师资培训工作。建立职业教育教师到企业实践制度,专业教师每两年必须有两个月到企业或生产服务一线实践。制定和完善职业教育兼职教师聘用政策,支持职业院校面向社会聘用工程技术人员、高技能人才担任专业课教师或实习指导教师。加强'双师型'教师队伍建设,职业院校中实践性较强的专业教师,可按照相应专业技术职务试行条例的规定,申请评定第二个专业技术资格,也可根据有关规定申请取得相应的职业资格证书。"②

这些文件和讲话中多次强调了"双师型"教师的两个基本内涵:一是"兼有教师资格和其他专业技术职务";二是这支队伍应"注意吸收企业优秀工程技术和管理人员"。

二、高等职业教育"双师型"教师队伍建设状况

(一)高等职业院校"双师型"教师队伍建设存在的问题

1. 师资队伍结构失衡

"双师型"教师数量不足且结构不平衡。师资主要来自科班院校,缺乏来自企业和其他行业的教师。一些不太热门的专业和长线专业出现师资过剩的情况,而一些与经济建设直接相关的短线专业教师很少。基础性学科教师过剩,而应用性学科教师太少。在这种情况下,教师们感到教学任务重,有些难以胜任。随着高校扩大招生规模的不断推进,如果专业教师数量不能同步增加,且没有顺利聘任到兼职教师,将进一步加剧教师数量结构失衡。这种情况会使专业教师工作量加大,工作负担加重,没有时间提高业务能力,也顾不上进修和实践锻炼,这将会对学校的办学质量产生不利影响,并阻碍高职院校教育的发展。

---

① 何伟,林昌杰. 高等职业教育教学改革探索 [M]. 武汉:武汉出版社,2007:76.
② 何家银. 高等职业教育研究纲要 [M]. 北京:中央文献出版社,2009:91.

从年龄分段情况来看，学校中的中青年教师数量相对较多。这说明中青年教师已经成为学校教学科研的主要力量，以往存在的学术领军人物年龄老化问题也已经开始改变。但是，学校仍然存在教师学历和职称结构失衡的问题。高职院校的大部分教师的学历都是本科，硕士学历的教师相对较少，博士学历的教师更是少之又少。教师队伍中出现了断层，教授、副教授、讲师、助教职称比为1∶11∶22∶10，其中教授的比例显著偏低，教师职称存在结构失衡，这不符合高职教育中师资队伍建设的要求。根据调查结果，在某些学校甚至没有教授，学校内，真正具备学术领导地位的教师多数年龄较大，而新一代教授和副教授中出类拔萃的人才较少，他们的成长速度也较慢、知名度不高，因而难以胜任学术带头人的重任。因此，学校内的学术领军人才数量不足，许多学科还未形成完整的学术队伍。

2."双师型"教师队伍质量欠缺

尽管学校对专职教师提出了明确要求，让其参加专业实践活动，但很少有教师能通过实际锻炼来真正提高他们的实践能力。此外，由于实践课教师比例不高，导致只有少数教师具备了"双师"素质，难以形成中坚力量。目前，双师型教师队伍建设面临着以下困难：

（1）"双师型"教师界定缺乏标准

目前，学界对"双师型"教师界定主要有"双来源""双能力""双证书""双职称"等标准，虽然《高职高专院校人才培养工作水平评估方案（试行）》中对"双师型"教师认定条件进行了定义，也起到了一定的指导作用，但各省各高校在做"双师型"教师统计时，只要对统计结果有利，能沾边的都尽量算上，以显示比例数的达标。导致双师型师资比例数据可信度低，"双师型"教师的"实践能力"流于形式，名不副实。

（2）"双师型"培养、激励、评价机制不够完善

很多高职院校对"双师型"教师评价方式都较为单一，在专业技术职务评审、晋级标准及福利待遇中未体现"双师型"教师的优势，在激励机制和培养机制上也缺乏整体、系统的"双师型"长效运行机制和考核机制。加上教师教学任务重，使得教师自我发展的内生动力不足，行动目标不明确，企业实践工作浮于表面。因此，高职院校建设的"双师型"教师培养培训基地，也未能发挥很好的作用。

（3）"双师素质"提升主体合力未形成

由于政府、学校、企业和教师个体间缺乏有效的交流沟通机制，所以，支持高职院校教师提升"双师素质"的各主体之间尚未形成合力。政府因保障制度的缺失使得其主导作用未得到充分发挥，同时企业和学校之间往往出现校热企冷的现象，企业甚至认为参与教师培养培训是浪费企业资源，还影响企业正常生产周期，增加企业成本。

（4）兼职教师队伍管理松散

目前，兼职教师队伍管理表现出临时性强、流动性大、教学水平低等特点。兼职教师一般是学校为应付教学任务临时找寻，因此，兼职师资队伍结构松散，管理难度也大。在教师职业准入制度尚不健全的情况下，兼职教师大多都不具有教师任职资格，虽具有丰富的实践技能和经验，但缺少教育教学理论的指导，对教育教学规律缺乏了解。兼职教师存在着精力分散、研究学生不够的问题，时间上、精力上难以满足教学要求，从而影响了教学效果。由于考虑聘用成本和高水平兼职教师紧缺等的原因，学校往往对其缺乏严格的考核制度，高职院校错聘、低聘的现象比比皆是。因此，有必要就兼职教师的聘用、培养和考核等作出相应的制度规定。

（二）高等职业教育"双师型"师资培养标准的设立

1. 院校标准

一些高职院校在认证"双师型"教师的过程中，已经制定了实施标准，并提出了"一体化"和"双师型"教师的标准。"双师型"教师是指既拥有专业理论知识，又具备与所教专业相关的社会职业岗位经验、资格或能力的教师。具体标准：大学本科及以上学历，具有中级以上专业技术职务，具有两年以上的相关专业经历或具有高级工（国家职业资格三级）及以上职业资格，接受过系统教育理论的培养和培训。"一体化"教师是具备理论教学和技能训练指导能力的教育工作者。具体标准：大学本科以上学历，具有中级及以上专业技术职务，具有高级工以上职业资格，接受过系统教育理论的培养和培训。两者的关系是："一体化"是"双师型"的组成部分，因为"双师型"注重实践经验，但并非必须具备能够负责实践教学特别是技能培训的能力。

2. 学者标准

有学者认为"双师型"教师应具备的职业素质标准是"一全""二师""三能""四证"。"一全"是指"双师型"教师应该具有全面职业素质。"二师"是指"双师型"教师既能从事文化理论课教学，又能从事技能实训指导。"三能"是指"双师型"教师具有较全面能力素质，既具有进行专业理论知识讲授的教学能力，又具有专业技能基本训练的指导能力，同时还具有进行科学研究和课程开发建设的研发能力。"四证"是指毕业证、技术（技能）等级证、继续教育证和教师资格证。

3. 业内共识标准

随着职业教育的不断发展，我们对于建设"双师型"师资队伍的认识也在日益加深。目前国内高等职业教育已经就"双师型"教师的大致解释、认定范围、认定方式形成了较为统一的标准。"双师型"教师的范围认定，一般具有中级及以上专业技术职务的专业基础课、专业课、实践教学指导教师属于"双师型"教师认定范围。目前，"双师型"教师基本标准的已经有了比较统一的解释。凡符合下列条件之一者即可认定为"双师型"教师：

（1）具有讲师及以上专业技术职务的教师，累计有两年及以上生产、建设、管理和服务第一线本专业实际工作经历，胜任本专业实践教学工作。

（2）具有讲师及以上专业技术职务的教师，取得本专业非教师系列的中级及以上专业技术职务或本专业的中级及以上职业资格证书，并具有半年以上相应行业的实际工作经历，胜任本专业实践教学工作。

（3）具有中级及以上非教师系列专业技术职务的实践教学指导教师，胜任本专业一门及以上专业理论课程教学工作。

（4）具有中级及以上专业技术职务的教师，主持市级及以上本专业或相关专业科学研究课题，并通过鉴定；或获省部级二等或市级一等及以上科技进步奖；或本人科技成果获技术转让费10万元以上；或在科技开发、科技服务方面获项目经费20万元以上，胜任本专业一门及以上专业理论课程教学工作。

（5）在企事业或科研等单位取得中级及以上非教师系列专业技术职务人员，在高等职业院校任教一年以上，胜任本专业一门及以上专业理论课程教学工作。

总的来说，"双师型"教师还需要具备实践经验和实际工作能力，能够将理论知识与实际工作相结合，成为既有理论素养又有实践经验的专业课教师，在高等职业教育中更好地为学生提供教育培训。此外，其还需具备全面而深厚的专业知识背景、精湛的实践技能，良好的组织管理和科学推广能力，以及指导学生创业的能力和品质。"双师型"教师不仅要有普通教师的职业素养，还要有工程师（会计师）的实践素养，既能传授知识又能教授实践技能，成为注重理论与实践结合、具备双重专业技术职称的复合型教师，具有经师能力（经典专业知识，让学生学会认知）+技师能力（精湛专业技术，让学生学会做事）+人师能力（价值引导，让学生学会共同生活）+事师能力（职业引导，让学生学会发展）。从思想方面来说，"双师型"教师注重职业道德，热爱教育事业和高等职业教育，爱岗敬业，乐于奉献，具有崇高的人格魅力，拥有崇高品德、高远理想、广博胸怀、精湛教艺、渊博知识，帮助学生成长、进步，并成为学生的榜样，为学生传授知识，提供思想指导。从科技文化素质方面来说，"双师型"教师应具备广而深的知识体系。横向上，全面了解各个领域的最新研究成果。纵向上，要熟练掌握所教学科的理论知识结构和该专业在国内外的研究进展和发展方向，以及了解该领域的现状和最新的学术成果等。"双师型"教师的能力要求很高，他们需要拥有多种技艺，包括演示、操作、维修和检测等方面的技能，并且需要具备强大的专业实践经验和实践能力，能够开展科技研发、进行动手示范、应用现代技术进行教学。此外，他们还需要具备获取各种信息的能力以及观察、分析和创新能力，具备组织管理能力、团队合作能力。

三、高等职业院校"双师型"师资培养的创新策略

教育部要求高职院校提高教师整体素质，加大师资队伍建设力度。为此，教育部鼓励教师积极参与专业实践能力培训、产学研结合等活动，提高现有教师的水平。同时，要注重双师型教师的培养。因此，我们应该高度重视培养双师型师资，创新培养方式，积极宣传建立双师型师资队伍的重要意义和必要性。通过学分制方式，选取"教师"，鼓励教师自觉提高实践教学水平，摆脱传统陈旧的理论教学观念，促进教师向双师型方向转型，提高他们的责任感和主动性。学校需要制定详细计划，以建立双师型的师资队伍。确定培养双师型教师的任务以及实施方案和措施。

（一）提高认识，创新观念

在高等职业教育整体创新发展的过程中，改变观念是关键，同时师资队伍建设也需要拥有创新意识。

1. 要树立以人为本的观念

以往高职院校的师资管理部门的人事管理方式以事为中心，而现在则需要转变为以人为中心的人才资源开发方式，注重教师资源的开发、保障和利用，从而实现职能的转变。改革教师管理模式、机制和方法应当以以下方向为目标：提升毕业生的素质，发挥教师潜力，吸引优秀人才加入，合理化资源配置，合理安排教师队伍流动。

2. 要树立师资培养以教学为本的观念

高职院校的核心任务在于教育教学，而教师则是教学工作的主要实施者。因此，高职院校应以提高教学质量为前提和最终目标，围绕教学进行师资队伍培养。为了达到这个目标，师资培养计划和内容应该围绕着提高教师的教学水平来制定、组织和实施，要打破一贯重视学历提升、忽视教学岗位职能培养的情况。除了注重提升专业学术水平，我们还应特别注重提高教学学术水平，培养出既精通学术，又擅长教学的学术大师和教学大师。

3. 要树立开放式师资队伍培养观念

要树立开放的观念，并尽可能为教师提供更多的学习机会，让他们能够获取最新的学科知识、教学方法和经验，以此来提高教育质量和效果。要注意重点培养、全面提高的原则，全面提高教师的素质水平。拓宽来源渠道以扩大双师型教师的队伍，并且调整来源结构以达到更好的效果。同时，应该加大力度吸引具有行业工作经验的人才，并注意保证规范程序，同时保持政策的灵活性。为吸引经验丰富、实践能力强的高技能人才进入行业企业，可以适当降低学历要求。同时，鼓励高职院校聘请企业的高级管理人员担任专业带头人，打造人才引进的"绿色通道"，实现行业企业与高职院校的良性互动。

要完善"双师型"教师培养培训计划，实现教师分类分层培养，建立"双师型"教师培养培训体系，形成青年教师基本能力培养、骨干教师双师内涵深化、成熟教师引领能力提升的"双师型"教师培养培训"三路径"。对青、中、老不同年龄结构的教师采取不同的培养、培训战略以尽快提高其双师型。推进"双师型"

教师培养培训基地建设，在政府充分发挥主导作用下加快校企深入合作和人员的双向流通机制，调动企业在"双师型"教师培养培训过程中的积极性。

（二）调整和优化"双师型"教师培养的内容

"双师型"教师培养的内容，应结合高职院校实际，突出在专业理论知识、专业职业技能、教育科研能力等方面的培养。通过调整和优化培养内容，实现师资队伍整体素质的提升。

教师需要培养学生掌握专业理论知识，但也要确保该知识对职业或职业群的实际需要具有实际用途。因此，在教学中，教师需要有目的地裁剪、筛选和重新设计专业理论知识，以确保学生在毕业后能够具备走向工作岗位所需的技能和知识。职业教育师资培训的重要内容之一是进修专业理论知识。与普通教育师资相比，对职业教育师资在理论知识方面的要求并不低，只是侧重点不同。职教师资理论知识上的要求不在深度，而在广度，强调的是能够将理论运用到实际工作中，结合职业和工作要求来运用理论知识的能力。特别是随着科学技术不断进步，各领域的新发现和新理论更新极快。因此，高等职业教育教师应及时了解与自己所教专业有关的新发展，掌握新的趋势，才能在教学中贡献最新的信息和知识，确保学生所学紧贴实际工作需要，避免出现严重脱节。

为了进行实践教学，教师需要掌握对应的专业职业技能。所谓专业技能不仅仅指具体的技术和技能，还包括在实际工作中积累的工作经验，这就意味着教师必须具备实践工作经历和经验性知识。例如：电信工程类专业的教师要有电子技术、电工技术等方面的专业技能和工作经验；机械工程类专业的教师应懂得模具加工、金属工艺等方面的实际操作，并具有实践经验和资历。近年来，生产岗位和生产工艺流程引入了新的工艺技能。在专业职业技能上引发了突破性的革新和革命，职教师资应关注本专业领域的前沿信息，及时学习和掌握各种在实际操作中应用的新技术。因此，培训计划中应注重培养从业师资具备与其专业相符的专业技能和能力，强调让教师通过各种形式的实践性工作和培训不断更新、补充和提高职教师资的专业职业技能水准。

掌握职业教育的理论、方法以及心理学知识是必要的。这不仅关系到教师能否顺利地进行教育教学和科研工作，而且还将影响所有高等职业教育过程的存在价值和社会效益。为此，高职教师应加强职业教育和心理学理论知识学习，不仅学习职业教育学、职业心理学、教材教法，还应学习教育技术学、教育测量与评估等课程。同时，教育科研能力是提高教学质量和教师学术水平的需要，是由经验型向学者型教师转化的必由之路，它能够使教师逐渐进入一种新角色，同时也能提高教师的业务能力。因此，鼓励教师积极开展学术研究活动，踊跃参加科技成果转化、技术改造活动，为学生服务，为企业服务，这样既可掌握最新科技动态，提高科技开发动力和创新能力，更新知识，又能使理论联系实践，直接为教学服务。

（三）创新师资队伍建设的规章制度

1. 制订年度目标

确定师资队伍建设的年度目标对于制度的运作至关重要。原因在于，即使制度已经完善，缺乏与之对应的具体实施目标，也无法发挥制度的运作效益。学校在师资队伍建设方面的年度目标分为两个方面，个人目标和学校目标。学校年度目标是根据学校师资队伍建设的中长期规划制定的具体任务，如教师培养培训的形式、内容、类别、人数和考核，岗位设置及职务竞聘（含人才引进），经费预算额度等。设立具体目标的目的在于，让学校的职能部门和教师们了解每年在师资队伍建设方面需要达成的任务和要求，这有助于教师们及时调整工作和学习方向，确保与学校整体目标保持一致。个人目标是教师根据学校的师资建设年度目标，结合学院组织的讨论，将任务分解到每个教师身上。这样一来，每个教师能够清晰地认识到自己的职责和任务。在制定和分解目标的过程中，要广泛听取教师的意见，因为教师的参与度越高，他们就越能自觉地积极参与目标实施，同时也更容易将个人目标与学校整体目标紧密结合起来，实现目标的有效融合。

2. 实施制度执行责任制

实施制度执行责任制是促使师资队伍建设制度有效运作的重要举措，其目的是强化学校领导和相关责任人员的责任意识，倡导真抓实干、争创业绩的良好风气。实施制度执行责任制首先要明确责任内容。责任内容分两个方面：一是将学校师资队伍建设的中长期规划设定的目标任务和年度应完成的目标任务，分时段分解到校领导及相关职能部门负责人和教职工个人，使之成为个人目标责任，如经费到位情况，教师培养培训人数及引进人才情况，教师的教学、科研及自我开发等。二是明确考核内容、程序及办法，将教师的社会服务成果等纳入"双师型"教师评价体系中。推动教师社会实践能力和教学质量的提升，实行全程考核累加递进的考核方式。形成以目标全程考核为基础、年度目标考核为重点的考核体系，从而全面、客观、准确地评价各责任人的工作实绩。

3.构建落实制度的信息反馈渠道

目标、责任明确后，在具体的制度实施过程中，学校领导和其他相关责任人如何做到上下一致，同心协力，相互监督，相互制约，需要有一条透明的、灵敏的信息沟通渠道。各校可利用校园网络和办公自动化系统，设置师资队伍建设责任制的专页，定期公布履职情况和阶段考核结果，让各责任人及时了解自己及他人的工作进展及结果好坏等情况，以便相互督促，相互激励。

4.建立制度修正坐标体系

制度是依据一定时期的工作任务和实际情况而制定的，因此在实施过程中，随着时间的推移和工作环境的变化，制度也有一个逐步完善的过程。完善制度并不能随意修改，而要通过灵敏的信息渠道和手段，不断地将制度运行中的各种状况和参数及时、准确地反馈到学校。通过一定时期的吸收、检验后，再通过一定的程序予以修改，以保证制度既有相对的稳定性，又能对不符合实际的制度予以修订，从而保证制度的长期运作效果。

（1）加强合同管理

为稳定师资队伍，尤其是促进优秀骨干教师在教学一线茁壮成长，需要在传播爱岗敬业思想时，根据学院的相关规定，严格执行教师的服务期限制度，使教师能履行合同约定的相应义务。对不能履约的教师，要追究相应的违约责任。

（2）提高教师的待遇

应该尊重教师的劳动和贡献，建立完善的教学和科研奖励制度，从精神层面和物质层面鼓励教师，激发其积极性，为促进学生成长贡献力量。

（3）强化教学服务的基本功训练

要求教师把握教学规律，掌握教育学和心理学的理论，熟练掌握教学方法，并真正地将自己转化为教师角色，成为一名具备教学艺术技能的合格教师。为适应科技发展和提高师资队伍利用率的需要，高职院校教师需要不断完善知识结构，增加知识储备，加大专业建设学科支撑的力度。通过短期适应性培训，不断解决教师参加项目师资数量不足、层次偏低、骨干与专业带头人及"双师型"教师少、教育教学理论及技能不足等现实问题。还要充分参照国际高等职业教育的特点、发展趋势及其师资队伍建设与管理的经验，进行深入思考和独创性建构。

（4）建立高职师资队伍建设的新机制

①引进机制。在解决高职师资数量不足的问题时，必须充分考虑到高职培养人才的"能力本位"特点，构建起独特的师资引进机制。一方面要按照目前高职院校教师实际需求量较大的特点，广开师资引进渠道，通过向社会公开招聘高水平教师来扩充高职教师的数量。同时更重要的是，在引进中要突出教师的"应用技能"这一重点，在严格把好"能力"关的同时，要注重从企业、产业部门引进一些有实践经验的技术骨干。他们一般应具有工程系列的中高级技术职称，有几年以上在一线从事技术工作或管理工作的经历，经过教师培训，取得任教资格。他们更适合于担任技术实践课的教师，也可以担任技术专业理论课的教师。还要注重从生产一线选聘有实践经验的技术骨干，经过教师培训担任兼职教师，不断加大兼职教师的比例，作为向"双师型"方向发展的一项重要措施，从而构建起高职院校师资引进的独特机制。

②师资结构调整、培训和培养机制。大力调整现有师资结构，其重点就是要使教师中"双师型"教师、学科带头人和科研骨干人员占有合理的比例。特别是面对"双师型"教师的缺口，仅靠引进是远远不够的，还要立足于自身的师资培训与培养，使现有的教师向"双师型"教师发展转变。为此，必须构建全新的高职师资培训培养机制。芬兰在职业教育和培训领域进行了改革，更加重视自我导向和目标驱动的学习，并增加了职业院校和用人单位的联系。在政府和行会的支持下，让高职院校和产业界广泛合作，建立独特的高职师资培训培养机制。企业的广泛参与，提供了师资培训培养的重要基地。高职院校与企业联合成立科研基地、实验基地等，派教师到企业合作进行技术开发。要提高教师实践能力，必须加强学校和企业之间、教师和企业之间的紧密联系。有了这种联系，学生进行真枪实弹的实践锻炼就有了机会，教师也就有了学习提高的条件，有了新知识和新技能的来源，有了新发现的可能，有了科学研究的目标和动力。使教师在实践中不断成长，最终成为学科带头人和科研骨干。与此同时，高职院校还必须大力依

靠特有的高校师资培训机构、重点大学的高校师资培训基地、省级高校师资培训中心等机构。通过让高职教师在职申请学位进修、访学进修等多种途径对高职师资进行培训培养，以提高高职师资结构的学历层次，并造就一批学科带头人，使高职的师资结构趋于合理。

③激励机制。建立"双师型"教师培养与考核评价良性互动关系，完善考核评价体系和激励机制，夯实过程性评价，将教师自评、同行互评及学生评价相结合，引导教师针对评价结果开展自我整改。同时，适时引进专业性评测机构，在职称评审、岗位晋级、课时津贴等方面给予"双师型"教师适当的政策激励，激发教师双师素质提升的内生动力。

（5）创新教师管理制度

改革教师管理模式。逐步取消身份式的师资管理制度，积极探索契约制和岗位制的高职师资管理制度。高职院校依法实施用人自主权，按照相对稳定、合理流动、专兼结合、资源共享的原则，探索和建立相对稳定的骨干层和出入有序的流动层相结合的教师队伍管理模式，及教师资源配置和开发的有效机制。通过加强协作、联合办学、互聘教师、延聘专家等多种途径，拓宽教师来源渠道，促进教师资源的合理配置和有效利用。高职院校要利用产业结构调整的契机，积极采取措施，面向企业和科研机构招聘优秀人才担任专职或兼职教师。

深化内部管理模式。按照《教师法》和国家的有关规定，根据按需设岗、公开招聘、平等竞争、择优聘任、严格考核、聘约管理的原则，高职院校依法自主评聘教师，吸引优秀人员从教。高职院校要着手研究制定高等职业教育"双师型"教师职称评定标准。该标准与普通高等教育系列职称评定标准有区别，反映高等职业教育教学的特点，但在级别和待遇上应相同，以鼓励广大教师专心于高等职业教育教学工作；在分配上向有突出贡献的优秀拔尖人才、学术带头人和中青年教师倾斜，建立特殊岗位津贴和基础科研津贴等符合高校特点的岗位津贴制度，吸引和稳定优秀拔尖的学术人才和技术人才。

综上，师资建设相关规章制度的建立健全，引入人才竞争机制，属于高职院校管理软硬件的一个部分，是高职教学管理体系的重要内容，必须纳入教学管理机制的整体构建。通过高职师资建设和管理的科学化、规范化和系统化，达到提升高职院校核心竞争力的目的。

第二节 高等职业教育人才培养模式创新

一、高等职业教育人才培养模式的概念

(一) 人才培养模式的概念

"模式"一词在现代社会中运用较为普遍。汉语中,模式指"标准的形式或样式"。在英语中,它和"模型""模范"是一个词,都是model。西方学术界通常把模式理解为经验与理论之间的一种知识系统。有学者认为,模式是再现现实的一种理论性的简化的形式。它有三个要点:第一,模式是现实的再现;第二,模式是理论的形式;第三,模式是简化的形式。

模式一词的流行是近年来的事,由于"模式"一词的多义,因而给"模式"下一个严格定义是困难的。但任何理论研究的前提是必须明晰概念,因而下定义是必要的。作者认为,根据"模式"一词的辞典释义和它在各学科领域,尤其是在课程领域使用的实际情况,可以从以下三个由具体到抽象的层面给"模式"一个比较完整的定义。

模式是供人们分类、参照或复制的一类事物中,具有典型特色的代表性事物,它具有特征方面的典型性和功能方面的代表性,它提供了一种范例。模式是为人们更深刻地认识事物,便于人们进行观察和研究,而运用文字符号、图像等表征手段,对事物的重要因素、关系、状态、过程等所作的概括性的呈示方式。它具有概括性、描述性和阐释性。它提供了一种理论模型或图式、对于同一事物的不同的概括性显示方式,虽然模式的"图像"不一样,但模式的实质和主特征没变。当然,同一事物在不同的发展阶段,其模式可能不一样。

模式是构造、生成或复制符合人们需要的具体事物的构造性框架,具有构造性或规范性。它提供了一系列原则性的规定、法则,这些规定和法则既符合事物发展的客观规律,又符合人们的价值准则。

模式是位于经验与理论之间、目标与实践之间的那种知识系统,即某种事物的标准形式,或使人可以照着做的标准样式。培养模式是以某种教育思想、教育

理论为依据建立起来的既简便又完整的范型，可供学校教育工作者在人才培养活动实际操作，能够实现培养目标。它集中地体现了人才培养的目标性、计划实施性、过程控制性、质量保障性等一整套方法论体系，是教育理论与教育实践得以发生联系和得以转化的桥梁与媒介。

"人才培养模式"最高的抽象和概括就是培养人的方式（即方法与形式）。人才培养模式是学校为学生构建知识、能力、素质以及实现这种结构的方式，它从根本上规定了人才特征并集中地体现了教育思想和教育观念。"人才培养模式"就是有目的、有计划地增进人们的知识与技能、培养能力和提高素质的基本的方法与形式。

人才培养模式的分类方法繁多，这里根据人才培养过程进行分类。人从出生到成才主要经历了两个阶段：第一阶段是学校教育阶段，从小学到大学接受学校教育，是人才培养的初级阶段。其中，根据面授课和媒体教学在人才培养中的不同作用，我们把它们分成了传统学校教育模式和远程教育模式。相比较而言，传统学校教育依靠面对面授课，而远程教育则以多媒体教学为主。第二阶段是社会实践阶段，指人们从大学毕业后开始进入职场，直至退休的时间段，也是人才培养的中高级阶段。这一阶段根据人才培养方式的差异，又分为在职培养模式、师徒培养模式和自我培养模式等。

（二）普通高等教育"人才培养模式"概念

从有关书籍、报刊和教育科研网上进行调研，普通高校关于"人才培养模式"的定义有以下几种：

（1）人才培养模式是教育者教育思想和教育概念的集中体现。

（2）人才培养模式实际上是人才的培养目标、培养规格和基本培养方式。它决定着高校人才的基本特征，集中体现了高等教育思想和教育观念。人才培养模式是在一定的教育思想指导下，人才培养目标、制度和过程的组合。

（3）人才培养模式是由人才培养的指导思想、目标、内容、方式、质量评价标准等要素所构成的相互协调的系统。它反映了人才培养的目标、规格、过程以及评价之间的规律性关系，是一所大学办学思想、办学水平和办学特色的集中体现。

（4）人才培养模式，就是高等工程专科所进行的人才教育过程的抽象，包括德、智、体等方面全面发展的教育过程和方式。

（5）人才培养模式是指在一定的教育理论、教育思想的指导下，根据特定的培养目标和人才培养规格，以相对固定的教学内容和课程体系为依托，不同类别的学校人才的教育和教学模式、管理制度、评估方式及其实施过程的总和。

（6）人才培养模式指人才的培养目标、培养规格、培养方案。它集中反映在人才培养计划上，包括专业培养目标、人才培养规格、学生知识和能力、素质结构、课程体系、教学内容及培养过程等。

（7）人才培养模式是指高等学校人才培养目标的质量标准，为大学生设计的知识、能力和素质结构以及怎样实现这种结构的方式。

（8）人才培养模式是在一定教育思想指导下，培养目标、教育制度、教育过程诸要素的组合。

上述对人才培养模式的各种定义揭示了普通高等教育"人才培养模式"的一般内涵、方式（方法与形式）以外，还从不同侧面揭示了普通高等教育"人才培养模式"的特质内涵，即教育思想和观念、培养目标和规格、培养过程等。这对我们研究高等职业教育"人才培养模式"的概念具有极其重要的参考价值。

同时我们看到，上述定义讲的是普通高等教育的"人才培养模式"的概念，但在"人才培养模式"前没有加定语以限制它的使用范围。这样，就容易给人造成一种错觉，即用普通高等教育"人才培养模式"这个小概念去定义"人才培养模式"的大概念，我们研究问题时应对此加以注意。

（三）高等职业教育人才培养模式概念

高等职业教育人才培养模式的概念，目前并不多见。王明伦在《高等职业教育人才培养模式重建之思考》一文中有一个比较合乎逻辑的定义："所谓高等职业教育人才培养模式，是指在高等职业教育过程中具有一定格式要求的人才培养程序、方式和结构。在先进的教育思想指导下为高等职业学生构建一个复合知识结构、综合能力结构、人格素质结构均衡发展的教育平台图示。"[①]该定义回答了"培养什么样的人才"和"怎样培养人才"这两个根本性问题，具有创新之处。但该

[①] 王明伦. 高等职业教育人才培养模式重建之思考[J]. 教育研究，2002（6）：89-91+96.

定义较为抽象，缺乏可操作性，有待进一步完善。

根据以上我们对"人才培养模式"的阐述和对普通高等教育"人才培养模式"研究成果的分析，高等职业教育人才培养模式，除具有人才培养模式的一般属性以外，更具有培养规格的多样性，即教育对象多元性、教学内容实用性和教学方式实训性等特殊性。

我们抓住这些特点，采用演绎的逻辑方法，尝试给高等职业教育人才培养模式下一个定义：高等职业教育人才培养模式是在现代高等职业教育理念指导下，高等职业院校为学生构建的知识、能力、素质结构以及实现这种结构的方式，包括教育理念、培养目标、课程体系和教学模式等要素。

首先，"人才培养模式"是基于高等职业教育理念形成的。"人才培养模式"的形成，主要有两种方法：归纳法和演绎法。归纳法即通过对人才培养活动的原型进行归纳而形成的一种模式，过去主要采用这种方法；演绎法即依据一种或多种人才培养理论，对人才培养活动进行系统设计，形成一种方案或假设，然后经过实践验证而形成的一种模式。现代人才培养活动多采用这种方式。由此可见，任何一种通过演绎形成的"人才培养模式"，都是依据一定的人才培养理论为基础而建立起来的。人才培养理论在人才培养中既是独立因素，又渗透和蕴含在其他因素中。例如信息加工人才培养模式是以信息加工理论为基础的；个体自我培养模式是以人本主义的理论为基础的。高等职业教育的"人才培养模式"是依据我国高等职业教育思想、素质教育思想、终身教育思想和多元智力理论及"建构主义"的学习理论等为基础建立起来的。

其次，高等职业教育培养目标是"人才培养模式"的核心。所有的"人才培养模式"都是为了达到特定目标和要求而设计的。人才培养模式的核心因素是培养目标，培养目标会限制其他因素。其他因素作为达成目的或目标的手段或方式，它们必须在紧密配合下发挥作用。高等职业教育的"人才培养模式"旨在通过不同的培养目标，实现高等职业教育的多样化。具体而言，第一条是总体培养目标，旨在培养德、智、体等素质全面发展的应用型高级专门人才，以适应当前社会主义建设的需求，在生产、管理和服务领域作出更大的贡献；第二条是专业教育目标，即口径较宽、基础扎实、人格健全、素质较高、能力较强、全面发展的职业型应用高级专业人才；第三条是大众素质教育目标，即广泛的、非专业性的、非功利性的基本知识、技能和态度的教育。

再次，高等职业教育课程在人才培养方面发挥着至关重要的作用。依靠演绎法形成的"人才培养模式"，都是依据一定的人才培养理论、规律、原则和培养对象的知识、能力和素质结构，为达到培养目标的要求，对人才培养活动系统及要素进行综合的优化设计，形成一种人才培养方案或计划，并通过实践不断验证和修正，最终形成一种科学可行的培养方式。在这方面，课程设计具有至关重要的地位。远程教育由三个子系统构成，包括管理、教学、学习，它涉及到培养目标和规格、大纲、媒体、教学计划、教师、学生、设备、实施和时间等多种要素。

最后，"人才培养模式"需要依靠高等职业教育实现。无论何种"人才培养模式"，都需要一个特殊的培养过程以及操作程序，以确保成功地培养出所需人才。人才培养过程需要详细说明逻辑步骤和每个步骤所需完成的任务，以使"人才培养模式"更具可行性。高等职业教育是通过实施教育教学计划来达到培养人才的目的，每一种"人才培养模式"都使用独特的培养方法，以实现培养目标。

二、高等职业教育人才培养常用的教学模式及创新

（一）高等职业教育常用的教学模式

随着现代信息技术不断发展和教育自身的改革发展，新型的教学模式已经深入课堂。传统的教师为中心的传授型教学模式已被以学生为主体、教师为主导的互动式教学模式所取代，课内课外、校内校外、线下线上多种手段的教学辅助措施，加速着教学模式革命。列数贯彻到高等职业教育中的教学模式，不亚于视觉冲击的数量。

1. 互动式教学模式

互动式教学模式主要目标是实现教学相长的教学模式，在教学过程中，课堂的主体由教师转变为学生，课堂氛围生动活泼，师生之间形成良好和谐的互动关系。通过互动式教学模式，教师和学生发生了从单向到双向、从静态到动态的交流转变。打破以往教师讲、学生听的机械教学模式，转变为师生之间双向交流、互相沟通的互动式教学模式。使得学生更加积极主动地参与课堂，不再只是被动地吸收知识。这种教学方式激发了学生的学习热情，扩展了他们的知识面，促进

了他们的个性与天赋的发挥，对于学生的全面素质提升起到了重要的推动作用。

2. 自主式教学模式

自主式教学模式鼓励学生积极参与课堂教学，为教师制定教学目标和教学任务发表意见，并参与教学评价。使学生养成主动学习的习惯，鼓励学生既要学好理论知识又要参与实践活动。在这种教学方法下，教师对学生展开正确的引导，学生之间进行有益的交流，学生能够自主创新学习，从而培养学生的创新精神、创新意识、创新能力。

3. 工学交替的教学模式

工学交替模式是将理论教学和实践教学相结合的学习方式，通过交替进行学校学习和企业实践来实现整个学习过程。此模式中的教学组织采用分段式教学。具体来说，第一学年的课程安排为理论学习，之后的两个学年则实行工学交替制。这种方式能够让学生在进行基础理论学习之后，同时进行企业工作实习和专业模块的学习。工学交替制的管理是分岗位角色进行的。学生在校期间学习理论知识，并按照学生的身份接受管理，学校在此期间会安排相应的文化课测试，以此对学生的学习成绩进行考核。当学生进入企业实习时，他们被视为公司的员工，由企业进行管理，在实习期间，企业会根据学生的表现来支付相应的工资。工学交替制的教学模式将专业学习和实际生产实践相结合，有助于学生培养综合能力，并帮助他们更快地适应工作环境。

（二）高等职业教育人才培养教学模式的创新

1. 主体参与型教学模式

教学模式无论如何创新，前提均是要充分调动学生主体参与的积极性，在教与学的过程中，教师与学生是双主体关系，其中，教师主体的作用在于引导和调动学生主体的学习兴趣和学习动能。

（1）主体参与型教学模式

主体参与型教学模式是指教师通过各种手段促进学生的自主学习，使学生能够充分发挥主观能动性，自主积极地参与到教学中，主动构建知识，同时，此模式能够更好地培养学生的自主学习能力。这一教学模式的核心目标是通过适当的指导和引导，培养学生的自主性、判断力、自我调节能力、创造力和自我意识，让他们成为能够主动思考、创新和独立行动的个体。参与意味着积极参加、投入精力、全身心地融入学习中，一旦达到这样的状态，毫无疑问学习者会逐渐对所学知识产生浓厚的兴趣，而兴趣则是最好的老师，从而有利于教学的顺利开展。

（2）主体参与型教学模式的具体运用

①提出相关问题

在课前，教师全面了解教学内容，以有启发性的方式引导学生思考相关问题，让学生通过自主探究和知识整合，逐步建立知识框架。

在高职院校上课有个特点，学生通常会赶在上课铃声停下来之前踩点进入教室，为了不迟到有时会跑得气喘吁吁。在这种情况下，即便他们人按时进入课堂并坐到了座位上，但心却静不下来。如果教师此时开始教学，其效果可想而知不会太好。一来学生此时的注意力是分散的，教师讲了什么学生根本就没有认真听，更别谈吸收了。二来高职院校的学生没有养成提前预习的习惯，大部分学生的自学能力可能相对较弱，因此，许多学生更多地是依赖老师的教导，而未能形成独立的思考和见解。为了帮助学生更好地进入学习状态并全面掌握即将讲授的内容，教师可以在课前预留5到10分钟的时间，要求学生自己阅读教材并找出与教师提出的问题相关的答案。这一方法不仅可以帮助学生快速进入学习状态，还可以促使学生，在全面掌握教师即将讲解的内容同时发现新的问题，从而期待老师在课上解决这些问题，并更好地掌握新的知识。相对于一开始就让教师灌授知识，这种方法显然更加有效。

②引入多媒体教学，让学生身临其境

借助多媒体教学手段，可以让学生感受到身临其境的学习体验。学生的学习方式随着信息技术的发展以及课程的整合发生了改变，让学生通过视觉和听觉的结合，能够更加直观、生动地理解和感受学习内容。

例如，教师在授课时讲到成本计算方法中的分步法时，为了让学生更好地理解这种综合结转算法的特点，可以在互联网上找一些相关视频，比如"馒头流水线"的视频，向学生展示面粉制成馒头的过程。通过这个视频更形象地展示了综合结转分步法的特点：将各生产步骤所耗用的上一步骤的半成品成本，以其合计数综合记入下一步骤的产品成本计算单中的"半成品"或"原材料"成本项目中。学生观看视频时，会有一种身临其境地参与产品制作的感觉，这样一来，观看完视频后，理解并讲解综合结转分步法就会显得更容易。

③运用问题驱动法

倘若教师恰当引导，学生便会产生学习的兴趣。当老师讲授会计学中的成本分类时，仅仅解释"固定成本"和"变动成本"的概念区别可能显得过于单调乏味，但如果让学生动用自己的想象力，举出身边实例，则会变得更加有趣和生动。当学生听到"变动成本"这个词，他们通常会想到计件工资，而"固定成本"则会让他们想到管理人员的工资和包车回家的费用等例子。当被问及半变动成本时，学生会想到打出租车的例子，打车都会有一个起步价，当超过某公里数，价格会在起步价的基础上，随着行驶的公里数增加而逐步上升。学生在学习半固定成本时，可以联想到辅导员对学生的管理工作，辅导员的工资是固定的，但一旦学生数量超过了辅导员的管理能力范围，就需要雇用其他的辅导员，导致费用增加。在学习过程中通过联系实际生活，将单调无味的教学内容变得生动有趣，这会促使学生更积极地参与其中。

充分发挥学生的创造性思维，可以激发其对该学科的浓厚兴趣。比如讲解生产费用在完工产品和在产品之间分配方法的第四种方法"约当产量法"时，一个关键的问题就是要学生学会确定"投料率"和"完工程度"，而"投料率"的确定又需要学生明确投料的方法。如何辨别它们之间的差异呢？有些学生可以想到联系生活的实例，通过将抽象的问题具体化来帮助理解。例如：原材料一次性投入的，学生提到了蒸馒头时，一次性投入加工全部馒头所需要的面粉。那么我们毫无疑问地想到投料率是100%，每个馒头享用了同等的面粉。说起原材料陆续投入，投入量与加工进度一致，学生马上想到织毛衣，随着针织，毛线球陆陆续续地进入了毛衣里。那么我们很容易确定投料率就是加工进度，一件加工到50%程度的毛衣可能只用一件毛衣50%的毛线。由此，学生的创造性思维，完美地展现了主体参与型教学方法的优势。

高职教师应主动探索新的教学方法，不再囿于传统的"讲授式"课堂教学方式，而是根据课程教学模块和学生特点，灵活运用各种现代化教学手段和实训方式，从而提高学生的学习积极性。

2. 自主互动式教学模式

21世纪，各所高校开始推行素质教育，注重培养具有全面发展和创新能力的高素质人才。21世纪的社会发展面临着知识经济和世界经济一体化的双重挑战，市场竞争、资源竞争、人才竞争是社会发展所要面临的问题。高校课程教育是全面实现素质教育，提高人才竞争力的有力工具。但是，要想实现高素质教育，就需要改变传统的教学方法，尝试建立一种全新的教学模式——自主互动教育模式，激发学生的自主性和积极性。自主互动教育模式是一种基于建构主义理论的新型教学模式，主要通过运用现代教育技术实现学生自主、互动和创新式学习，从而有效提升学生的自主合作探究能力和人际交往能力。

（1）自主互动教学模式构建的理论基础

现代教育技术是以现代信息技术和现代教育理论为基石，透过教育过程探索与开发教育资源，来达到优化教学理论目的。现代教育技术促进了自主互动式教学模式的形成，这种教学模式的理论基础主要是建构主义。认知学习理论的创新发展体现在建构主义上，主要内容包含两个方面：

①学习含义内容

建构主义任务学习是指拥有知识的学习者，在一定情境下，借助他人的帮助，包括和他人的沟通、协作、交流等，通过这些意义的建构来获得某种新的知识。构建理想的学习环境可以从合作、情境、沟通等几个角度来考虑。因此，在理解建构主义的基础上，学习的主要因素包括学习者已经获得的知识、他们个人的学习经验，以及他们在构建知识时所领悟的意义，而与学习者的记忆力和教师们的传授无关。

②学习的方法

学习者的学习是以学习者自身为中心对知识的理解和吸收，学生本身是知识意义的主动建构者，而不是一种外部刺激下对知识的被动接受者。

（2）自主互动教学模式构建主要遵循的原则

①以学生为主原则

自主互动教学模式的核心目标是服务于学生的教育发展。学生不仅仅是信息的处理和接收方，也是知识意义的积极建构者。因此，在高职教学中，应以学生为主体，教师则从旁支持和引导学生的学习。

②多方互动原则

在学习过程中应该注重互动。每个学生都拥有自己独特的认知结构、认知能力、工作经验，通过与其他学生合作交流，可以填补自身学习的不足，并获得更广泛的知识。

③充分发挥现代教育技术自身优势的原则

现代教育技术具有许多方面的优势，具体分析如下：第一，教学内容可以以更加多样化的方式呈现。第二，教学的组织方式不再局限于传统的文本形式。第三，教学过程存在交互性。第四，具备储存大量教学信息的优势。第五，教学信息的传输方式网络化。第六，教学信息处理更智能化。

（3）自主互动教学模式与传统教学模式之间的比较

第一，教学目标上的对比。传统教学模式的教学目标是要求学生掌握和熟记基本知识和基本技能；自主互动教学模式的教学目标是要求学生在能够熟练应用知识技能的基础上加以创新。第二，教学内容上的对比。传统教学模式的教学内容主要依赖教材；自主互动教学模式更关注学生的发展。第三，教学资源上的对比。传统的教学模式通常将课本和手册作为主要教学资源；自主互动教学模式所涵盖的教学资源非常丰富，包括教材书籍、日常生活中的经验与体验，以及社交网络等多种资源。第四，信息技术的运用对比。在传统教学模式中，信息技术的应用主要局限于知识传授的方法和手段；信息技术在自主互动教学模式中的应用主要表现为创造情境、促进协作学习和利用交流工具进行对话。

（4）构建课堂互动自主教学模式的策略

①教学实验的设计

A.实验对象的确定

在实地调查后选择合适的实验学校和实验教师。在教育局和校领导的支持下，选出职业经验丰富、有责任心、爱岗敬业、科研能力强的高职院校教师作为实验教师，并将教师所教授的班级作为实验班。

B.实验方法的选择

采用等组对比试验的实验设计进行实验，选择的学生由同一个教师教授且学习成绩相近，把这些学生分为人数相等的两个班，分别是实验班和对比班。实验班采用自主教学模式，而对比班应用原来的教学模式，为了确保实验结果符合科学标准，我们综合运用调查法、文献法、访谈法等方法，最终结合定量和定性方法对实验现象进行综合评估和分析，并根据分析结果阐述实验的可行性。

C. 实验的假设

在实验中，充分利用现代教育技术进行课堂教学，结合学校的资源和环境优势，创造互动、积极的学习氛围，从而激发学生的学习热情和主动性，全面促进学生的成长和发展。

②教学实验的实施

A. 实验的前期准备工作

在进行教学实验之前，需要作好充分的前期准备。这包括了解所在高职院校的教学需求以及掌握被调查班级的现状，然后设计一个详细的教学方案。在进行实验前，我们需要作好以下几方面的准备工作：首先，通过开展问卷调查和实地走访，掌握各高职院校资源环境条件、师资力量、学生情况等。其次，可以采用访谈方式对高职院校的校长和教师进行调查。最后，是在高职院校设立实验组。

B. 教师的培训

首先，组织开展理论专题讲座。专题讲座的推行可以帮助教师迅速掌握现代教育理论的知识和技能。例如，可以邀请专业的现代教育技术学者举办专题研讨会，以便教师们能够彼此交流、共同研究，探索适用于高职院校的现代教育实践方式。其次，组织实践活动，促进教师之间分享现代教育技术应用的经验。在高职院校的实验教学过程中，可以利用微格教学方式，对课堂进行录像记录。根据录像回放，教职人员和学校领导可以快速发现高职院校在应用现代教育技术时所遇到的问题，并及时探索解决方案。最后，推进现代教育体系的自主学习。高职院校可以提供一些理论书籍和各类报刊，供教师利用业余时间自主学习现代教育技术理论知识。

C. 教学实验的实施

在实验指导方案的指导下，教师按照三个步骤来完成实验。第一，需要改变个人的教育理念。实验教师应以现代教育理论的知识观念为自己教学的基本理念。第二，采用现代的教育技术进行授课。在高职院校的教学中，现代教育技术的应用主要是基于说课帮助教师设计教学。这一过程通常包括三个环节：在课堂上记录观察，进行课后评价指导，教师间交流感受。第三，可以通过现代教育技术实现课堂互动教学。

教学实验实施存在以下几方面的问题。

第一，媒体的应用与实际教学内容之间缺乏有效的衔接。许多教师习惯了传统的板书教学，因此不太适应使用电子媒体授课，由于没有熟练掌握多媒体的使用技巧，因此教学过程变得十分混乱。

第二，由于媒体操作不够熟练，导致难以及时处理故障。在教育技术应用实验的最初阶段，由于许多教师对电脑的认识不足，因此在实际的教学中很难取得好的教学成果。当计算机出现卡顿或故障时，教师往往无法及时处理。

第三，由于媒体应用选择不当，教学效果无法达到预期。多媒体组合应用的目标是为学生提供更直观的信息，以充分激发学生的学习热情和主动性。然而，在实验教学过程中，即使教师使用相同的多媒体呈现相同的教学内容，仍然会出现视觉效果上的不同。这可能会造成学生的视觉体验差异，从而对教学效果造成影响。

第四，教学互动的媒体应用方式缺乏多样性。教师在设计互动教学时或组织课堂讨论时不能灵活运用多媒体技术，无法创造一个积极愉悦的课堂氛围，课堂是呆板的、无趣的。有些教师为了改变满堂灌式的教学方式，采用了满堂问的形式来引导学生学习，他们认为提问有助于激发学生的思考和学习动力。但是，这种教学方式实际上无法真正激发学生的兴趣和主动性，因此，教学也不会达到理想效果。此外，在课堂上，教师很少提供机会让学生互相提问、互相评价，这使得教师没有充分地激发和发挥学生学习的积极性和主动性。

第五，许多教师无法有效地引导课堂互动的氛围。课堂互动教学还处于试验探索阶段，很多教师在调动课堂互动氛围方面还存在困难，对于互动形式、时间和内容的恰当把握还有待提高。当课堂教学设计出现问题时，缺乏灵活应变能力，因而可能无法实现理想的教学效果。

③教学实验实施的完善策略

A.实施自主互动教学时需要遵循的基本原则。第一，主体性原则。在高职教学中，主体性原则的核心是以学生为本，通过营造良好的教育环境和教学条件来激发学生的学习热情和主动性，使学生能够积极参与到教学过程中。第二，开放性原则。自主互动教学的教学过程是开放性的，因此，在互动教学过程中需要加入一些与直接经验相关且具有灵活性的元素。

B. 有效利用现代教育技术的优点。第一，需要采用现代化的教育技术，以拓展自主互动学习的范围，让每一位学生都能够成为自己学习的主宰者。教师需要使用最新的现代教育技术，为学生创造各种不同的学习环境。教师和学生之间要建立起更加深入的认知，并形成起良好的情感互动。第二，加强师生之间的互动式教学。教师可以使用思维导图将教学内容呈现给学生，以便于学生更好地理解和学习。第三，师生之间互相交流学习更加深入。借助现代教育技术，教师可以更精准地确定教学范围和主题，扩大知识面，启发学生自主学习。第四，增多师生之间互动方式。在传统教学模式中，教师和学生之间的交流通常局限于简单的问答和表面上的讨论，而应用现代教育技术，自主互动式教学则能够为学生创造更加积极的学习环境和氛围。

C. 以培养学生全面素质为目标，推动教育的创新。传统教育重视考试，注重分数，提高学生的成绩是教师努力工作的目标。在现代教育技术的支持下，素质教育观得到更好的实践，现代教育技术的广泛应用进一步明确了培养创新素质人才的理念，教师所传授给学生的是自主学习能力和方法。

D. 确定教与学之间的互动点，改进师生间的互动模式。当教师使用现代教育技术进行授课时，需要明确学习目标和教育内容，同时确定教学互动点，运用适当的教学方法找到教育互动的最优组合形式。尊重学生的个体差异，让学生在互动过程中更深刻地理解学习的意义。应用现代教育技术可以提升传统师生互动问答的质量，同时采用启发式教育问答的形式，能够培养学生的创新思维。此外，现代教育技术还能为情景协商式教学提供可能，根据学生的不同学习偏好，利用所搜集到的信息，引导学生克服学习难点。

在培养创造性人才和民族创新精神方面，教育扮演着极为关键的角色，而学校作为教育发挥作用的主要阵地，为学生能力的发展提供了一个舒适的环境。现代教育技术发展得越来越快，建构主义学习理论引导教育发展，学生由以往的被动学习转变为主动学习，学生创新精神的养成和自主学习能力的发展得以实现。课堂互动教学模式是结合教育发展理论和实践经验并运用现代教育技术的一种创新型教学模式，可最大限度地发挥现代教育技术的优势，提升学生的学习效果。因此，应该充分重视这种教学模式的应用与建设。

第四章 高等职业教育的可持续发展创新

本书第四章为高等职业教育的可持续发展创新,依次介绍高等职业教育的可持续发展理念、高等职业教育可持续发展的体系构建、高等职业教育专业和课程的可持续发展创新、我国高职院校可持续发展的对策建议四个方面的内容。

第一节 高等职业教育的可持续发展理念

一、遵循导向性理念

高等职业教育可持续发展的研究与实践必须以习近平新时代中国特色社会主义思想为指导,运用全新的理念、思维、理论辨析高等职业教育发展过程中所面临的困难和问题,使高等职业教育的可持续发展具有鲜明的导向性,遵循高等职业教育的发展规律。

二、遵循持续性理念

持续性是高等职业教育中不可或缺的一环,是推动职业教育发展的根本力量,它帮助学生适应不断变化的职业环境,为学生提供实施特定职业所需的职业和技能,离开持续性高等职业教育将会变得具有功利性和阶段性,甚至是碎片化。这里的持续性主要包括以下三个方面。

一是人才培养对象发展的可持续性。高等职业教育面向的教育群体应该在接受教育后拥有终身学习的观念,拥有更新个人知识体系和技能水平的发展的眼光,具备保持个人持续发展状态的能力与知识。

二是教育教学质量提升的可持续性。教育教学质量是衡量一切教育类型良莠的基本前提,高等职业教育的办学过程必须以高质量为前提。因此,需要国家和办学主体在国家法律层面及院校办学制度方面，形成统一持续提升教育教学质量的机制，使高质量的教育教学持续提升成为可能。

三是促进经济社会发展的可持续性。随着社会经济与科技的不断发展，社会对人才的需求也在不断更新与变化。高等职业教育也应推陈出新，及时调整高等职业教育教学的目标、课程体系等教学内容，使其与社会对人才的真实需求匹配，满足社会对复合人才的要求。

三、遵循责任性理念

高等职业教育在我国承担培养高素质技能型专业人才的历史使命，对经济社会的发展具有不可或缺的重要性。高等职业教育必须肩负起自身对经济社会发展的责任，这一责任包括以下三个方面。

（一）对学生和家长负责

学生是高等教育直接服务和培养的对象，所有的教育内容和环节都是为了学生的发展而精心设计。因此，学生和家长对高等职业教育是否满意是最直接的评价和反馈。

（二）对用人单位负责

企事业等用人单位是学生的服务对象，也是高等职业教育人才培养规格、岗位确定的重要依据，离开用人单位的参与，高等职业教育就无法体现"职业"属性，培养的学生就无法准确定位。因此，要想培养的人才符合用人单位的用人标准和需求就必须对用人单位负责。

（三）对社会负责

培养高素质技能型专门人才是高等职业教育的人才培养目标，而高素质技能型专门人才也正是社会发展急需的人才。因此，为了推动社会的不断发展和进步，必须不断深入推进高等职业教育。

第二节　高等职业教育可持续发展的体系构建

一、高等职业教育可持续发展体系内涵

高等职业教育可持续发展的体系，应当是有力支撑高等职业教育在院校办学、专业建设、课程设计、师资队伍拓展、校企合作、社会服务等重要方面形成有机协调，相互支撑，共同促进高等职业教育不断进步的可持续的发展系统。

二、高等职业教育可持续发展体系的主要内容

（一）院校可持续发展

高等职业院校的可持续发展主要是指高职院校坚持以人为本，遵循教育发展的客观规律，正确处理院校自身发展与经济社会发展的相互关系，构建可持续发展的运行机制。高职院校可持续发展包括以下三个方面的内容：一是要全面推进高职院校创新，创新是组织生存与发展的前提，这种创新包括教育实践创新、管理体制创新、教育观念创新等各个方面；二是以人为本，教育的对象是人，同时教育也是由人来实施的，因此在高职院校的发展过程中坚持以人为本的思想具有重要的意义；三是坚持高职院校的全面、协调发展，全面、协调发展是可持续发展观的基本内容，是可持续发展观的重要体现。高职院校工作的各个方面只有相互适应、全面发展才能保证院校发展的持久性。同时，始终以可持续发展的思想指导高职院校建设，强化政府投入和企业、行业参与，构建良好的外部政策环境，提升高职院校内涵核心竞争力，实现高职院校可持续发展。

（二）专业可持续发展

专业是高职教育培养技能型人才的载体，是服务区域经济的纽带，也是衡量一所高校办学水平的主要标志和集中体现。高职院校专业的持续发展就构成要素而言，包括专业的内涵、质量、口径等；就专业关系而言，是建立在专业内涵基础上专业间的构成状态，包括专业数量、规模、布局及衔接关系等；就专业结构

优化而言，是通过增减专业种类和数量、调整专业比例和布局、创建专业品牌和特色，不断满足产业结构需要的优化过程。高职院校应该建立专业设置与市场联动机制，专业建设过程体现协调发展机制，确立专业在高职教育中的核心地位，建立以专业和专业群为基点的学校管理架构，建立起高水准的专业带头人培养机制，按专业建设要求进行人、财、物综合投入。

（三）课程可持续发展

课程是高职院校教学的核心和重点，是人才培养的依托和凭借。课程可持续发展分为两个方面：一方面是课程体系的可持续发展，即根据社会、经济发展的需要，根据人才需求、职业要求等现实条件，构建一个合理、完备的，并能随时完善、调整、提高的知识架构；另一方面则是每一门具体课程的可持续发展，涉及课程理念、课程内容、师资配备、教学条件和教学方法的运用。课程可持续发展反映学校培养人才的特色，反映劳动力市场的需求，反映经济、社会的要求。

高职教育者要树立课程可持续发展的理念，将课程内容中涉及的理论与实践相结合，坚持不懈地进行课程体系及课程的改革，坚持不懈地加强教师队伍建设。同时借鉴国外职业教育课程建设的先进经验，加强企业和其他社会力量参与课程建设，从而更好地促进课程可持续发展。

（四）师资队伍可持续发展

建设一支师德高尚、教育观念新、改革意识强、具有较高教学水平和较强实践能力、专兼结合的师资队伍是目前高职院校师资队伍建设的总体目标。师资队伍可持续发展必须建立科学的"双师型"教师队伍管理机制，建立合理的教师流动机制，健全"双师型"教师的评价激励机制，完善"双师型"教师培养培训机制。同时，作好教师双师素质培养的战略性统筹与规划，健全双师素质教师职业资格认证，建立基于校企合作的双师素质教师培养双赢长效机制，加强双师素质教师培训基地的质量监控。

（五）校企合作可持续发展

职业教育与社会和企业之间的密切联系，是教育与经济和科技的重要结合点，是把人力资源转化为人力资本优势，把人力资本优势转化为现实生产力的重要桥梁。校企合作教育，是高职人才培养中既符合职业教育规律又适应人才市场需求的办学模式，是国际职教界公认的应用型人才培养的有效途径。目前校企合作仍存在一些问题，职业院校对校企合作的认识不足，职业院校专业设置缺少企业参与，存在滞后性，职业院校教学改革与课程体系开发不够灵活，职业院校教师实践经验不足，职业院校校外实习、实训基地数量不足，校企合作模式及其关系缺乏稳定性，职业院校缺乏有效的管理组织机构与严格的制度保障体系。从可持续发展的角度出发，高职院校校企合作可持续发展必须形成持续创新态势，创新校企合作机制和保障机制，创新校企合作模式，提高政府、高校和企业参与校企合作模式创新的认识，加大政府支持力度，深化校企合作的深度和广度，扬长避短，优势互补。

（六）社会服务可持续发展

高职教育的三大基本职能"人才培养、科学研究与社会服务"，其中的"社会服务"因与高职教育的产生有着密切关系，而成为高职院校职能中变化最为显著的一个。社会服务工作出色的高职院校，关键是发挥了职业教育为地区经济发展和人才培养服务的优势，在与政府、企业的合作中，规范运作，互利双赢，得到了社会和各方的广泛支持，从而走上了一条可持续发展的社会服务之路。社会服务可持续发展必须结合服务地区经济发展状况，开展有针对性的社会服务工作，争取政府和企业支持，强化社会服务规范性。同时转变高等职业教育的办学思路，健全服务地方的组织机构，深化校企合作，提升社会服务能力。同时，建立以技术服务、技术研发和社会培训为基本平台，提高社会服务的影响力，形成激励机制，增强教师的社会服务能力，拓展社会服务的供给领域。

三、高等职业教育可持续发展体系构建机制

高等职业教育可持续发展体系能够合理构建，并能够有效运行，良好的机制构建是关键环节。高等职业教育可持续发展机制建设，需要将高等职业教育的教学、科研、生产、应用相结合，健全与区域经济社会发展相适应的发展机制，加强参与高等职业教育各方的沟通与合作，增强人才培养的针对性和实效性，提升学生的就业能力和企业竞争力，促进教师服务企事业单位能力的提升，实现真正

意义上的各方共赢。进而形成人才共育、过程共管、成果共享、责任共担的合作发展长效机制，促进高等职业教育可持续发展。

（一）促进合作各方多元合作机制的形成

以互惠共赢为基点，高等职业教育发展体系充分发挥引导和协调作用，调动各方积极性，精心策划合作发展形式，注重各方合作的利益诉求和多方协商。以人才、技术和效益为结合点，通过各方优势的发挥，在遵守市场经济规律和职业教育规律的前提下逐步形成互利互补、良性循环、共同发展的多元合作机制。

（二）促进合作各方互惠共赢保障机制的形成

企业与高职院校合作带来的好处不胜枚举。首先，企业能够从高职院校获得专业知识、技术支持和人才支持。高职院校拥有先进的教学设施和丰富的教学经验，这有助于提升企业的研发和创新能力。企业与高职院校还可以共同开展科研项目，共同解决行业问题，推动技术进步。其次，企业能够享受高职院校培养的优秀人才的支持。高职院校培养的学生通常具备实践能力和专业技能，他们能够迅速适应企业工作环境，并在工作中表现出色。通过与高职院校合作，企业能够与人才紧密衔接，招聘和培养符合企业需求的人才，提高市场竞争力。

高职院校也从校企合作中受益颇多。高职院校能够获得企业支持和信息资源，从而提高教育质量，推动教学改革。与企业合作，高职院校能够更好地了解行业需求和发展趋势，并相应地调整和优化教学内容和方法，使教育更贴近实际需求。在合作过程中，高职院校还可以邀请企业专家或技术人员来进行授课，丰富教学资源，提高教学质量。另外，校企合作有助于高职院校解决人力短缺问题。通过与企业合作，高职院校能够为学生提供更多实习和就业机会，提高他们的就业竞争力。企业还可以提供实践基地和项目，让学生在真实工作环境中学习和实践，提升专业技能和实践能力。于此，校企合作对企业和高职院校来说都是互利互惠的。

（三）促进合作各方综合协调机制的形成

通过合作各方的利益和发展需求，整合和共享资源，建立协调机制，进而促进职业教育的集约化和可持续发展。具体而言，政府、行业、企业和学院等各方发挥各自的优势，政府进行宏观调控和统筹，行业参与校企合作，学院与企业合作培养高端技能型人才。通过多元化的办学要素，寻找共同点和利益契合，保持成员间的可持续合作。

（四）促进合作各方多种激励机制的形成

高等职业教育的可持续发展需要建立制度化的合作框架，并明确各方地位和功能，以及介入方式。这意味着需要从制度层面上为合作办学提供有效的支持和规范。

制度化的合作框架应明确各方的地位和功能。这包括明确学校、企业和政府在合作中的角色和责任。学校作为教育机构，应承担教学任务、课程设置和师资培养等职责；企业作为实践基地，应提供实习机会、实践指导和技术支持等资源；政府则应提供政策引导、经费支持和监管保障等方面的支持。通过明确各方的地位和功能，可以有效协调各方的利益关系，推动合作的顺利进行。

多元化投入、市场化运作和利益交换是激励合作办学、实现可持续发展的关键机制。多元化投入包括学校、企业和政府的资金投入、人力资源投入和实施手段投入等方面的多样化，通过充分利用各方的资源优势，提高教育质量和教学效果。市场化运作则通过引入市场机制，促进资源配置的效率和效益，激发合作的积极性和创新性。而利益交换则是基于各方在合作中的投入和贡献，进行成本核算、产权界定和利益分配，从而确保各方利益的合理化和可持续发展。

成本分担制度的建立和实施也是推动合作办学可持续发展的重要措施。成本分担制度可以明确学校、企业和政府在合作中的经济责任和义务，合理分担合作中所涉及的各项成本。同时，可以制定实施办法，明确成本分担的具体方式和程序，确保合作的公平性和透明度。通过成本分担制度的建立，可以构建多元化的投入体系，拓展合作发展的空间，促进可持续发展的实现。

校企合作应以资源共享为基础、多方共赢为目标，并构建共赢机制。资源共享是校企合作的基础，通过共享各方的资源，可以有效提高教育质量和实践效果。同时，多方共赢是校企合作的目标，通过各方的协调、互动和共同发展，实现各方利益的共享和风险的共担。为了实现共赢机制，可以引入市场成本概念，通过优化资源配置，进行成本核算、产权界定和利益分配，确保合作的效益最大化，进而实现可持续发展的目标。

第三节　高等职业教育专业和课程的可持续发展创新

一、高等职业教育专业可持续发展创新

1980年至今，我国高职教育已经走过了40多年的发展历程。1996年，全国人大通过并颁布了《中华人民共和国职业教育法》，从法律上确定了高职教育在我国教育体系中的地位，由此也拉开了高职教育发展的序幕。1999年全国教育工作会议的召开，中央提出"大力发展高等职业教育"的工作要求，我国高职教育进入了蓬勃发展的历史新阶段。

专业是高职教育培养技能型人才的载体，服务区域经济的纽带，也是衡量一所高职院校办学水平的主要标志和集中体现。高职专业设置是高职院校主动、灵活地适应社会人才需求的关键环节，是高职院校得以展示自己办学特色的重要窗口，关系到高职教育发展的出路及方向。职业教育与区域经济具有天然的联系，这就要求省市所属高职院校的专业结构必须与区域经济产业结构、职业结构和技术结构相匹配。高职院校的专业结构是否合理不仅决定着学院的生存和发展，也决定着教育资源配置和利用的社会经济效益。高职院校专业设置的发展与改革积极回应了社会需求变化，取得了显著的成就。从"以学科为主"转变为更加面向市场和服务经济的方向，注重培养适应社会需求的实用型人才。同时，专业设置以工作岗位为主，紧密结合岗位需求，制定与实际工作职能相匹配的专业课程和实践教学计划。此外，还加强与用人单位的合作，建立实习基地和实践平台，提供更多的实践机会和职业培训，提高学生的实践能力和就业竞争力。这些改革举措使得专业设置结构更加合理，更好地满足了用人单位对技能岗位需求的同时，也满足了高校扩招和教育对象择业观念需求的变化。

在高职院校专业设置取得成绩的同时，由于我国高职教育发展历史较短，专业设置目前还依然存在着一定程度的随意性、粗放性、雷同性、功利性和盲目性等问题。因而专业建设从总体上来说还没有形成令人满意的特色，职业技能型专业与高等教育体系之间界限模糊。在专业建设中出现了专业设置一味满足"地方

产业需求"等一些令人担忧的现象,如专业建设价值取向的功利主义色彩严重,过分追求"服务地方"和"创建自身特色",把"唯一的职业导向"作为高等职业教育专业的办学目标。产品带专业,专业数量增多了,专业面变窄了,忽视社会发展与个体可持续发展的统一,忽视了人文精神的培养,造成了高等职业技术教育人才的"高等"性不足。优质技能型人才培养的教育资源缺乏,高等技能型专业软硬件(如师资、实验实训设施、课程体系、教材等)建设滞后,职业教育教学改革力度不大,职业特征不够明显,教育质量不高。与学院的现有资源整体规划不够,缺乏科学论证和市场调研,呈现出盲目性和粗放性。这表明,高职院校在制定专业设置时,往往没有充分考虑学院现有的资源情况,包括教师队伍、实验设备和教学场地等方面,缺乏科学论证和市场调研,导致专业设置的决策依据不足,存在着不合理的冗余和重复现象。对于高职院校而言,这是一种浪费资源和能力的表现,需要更加系统地进行规划和布局,确保专业设置与学院资源的整体协调性。专业设置、建设和管理与行业、企业的联系不够紧密,目标定位模糊,缺乏高等职业教育的特点。这意味着高职院校在制定专业设置时,缺乏对行业和企业需求的深入了解和充分反馈,专业的目标定位不够明确,无法精准地满足就业市场的需求。部分专业建设缺乏稳定性,短期行为明显,缺乏社会潜在需求的调查研究,对传统优势专业和老专业的改造和调整不及时。这反映出高职院校在专业建设过程中,缺乏对社会潜在需求的准确把握和深入研究。部分学校在专业设置上过于追求短期效益,导致专业选择的稳定性不足。另外,随着社会的快速发展和产业结构的变化,一些传统优势专业和老专业的培养内容和方式需要及时调整和改造,以适应新时代的需求。

(一)国内外高职院校专业建设与发展

1. 国内高职院校专业建设与发展研究

国内对高职院校专业建设与发展的研究内容主要集中在以下几个方面。首先,研究重点专业建设,着重探讨如何创设具有特色的专业,包括办学思想、人才培养改革、质量监控以及示范作用等方面的研究。其次,研究专业建设的实施步骤、考核和验收工作以及资金管理的相关问题。然后从综合角度规划专业建设,包括确定基础、发展目标、改革举措、绩效考核指标以及预算等内容,并制定具体的设计方案。接着在交叉研究中,分析课程教学与实际应用之间的脱节现象,研究如何将课程和培养形式与企业产业结合，促进区域经济和产业结构调整。此外，还研究师资队伍建设、课程资源信息化建设、实践基地建设以及专业服务能力建设等方面的内容。最后，研究校企合作与人才培养对接，关注如何加强合作，多元化发展专业，培养高端技能型人才，并通过案例研究形成最佳实践。总之，这几个方面的研究内容构成了国内关于高职院校专业建设与发展的核心内容，可以为高职院校提供更多指导和借鉴。

2. 国外高职院校专业建设与发展研究

（1）关于职业教育与高一级教育相互衔接沟通的研究

当前许多国家正致力于解决中等职业教育与高等教育之间的衔接问题，以提升职业教育的吸引力。主要策略是建立衔接机制，实现中等职业教育与普通高等教育和高等职业教育之间的联系，为职业教育学生提供继续接受更高程度教育的机会。一些国家，如荷兰、芬兰、英国、法国和德国，已经采取了相关措施，以确保职业教育与普通教育地位相等，并为职业学生提供普通高等教育的机会，旨在改变职业教育的现状，并促进学历资格的等值认可。

（2）关于发展综合高中，推迟专业选择，提高学生普通教育水平的研究

高中阶段的办学模式因国家的教育传统和发展水平而异。目前主要有四种办学模式：普通高中、职业高中与综合高中协同并进，普通高中和职业高中二分制，普通高中主导和综合高中主导。综合高中模式主要出现在普及高中教育的国家，旨在解决学生在升学和就业之间的关系。特点包括：在同一所学校设置普通班和职业班；所有学生在第一年学习相同的文化基础课程，从第二年开始设置专业定向课程；实施宽口径的专业课程，增强学生的适应性；建立与高年级教育衔接的有效机制，妥善处理学生的就业和升学问题。瑞典和挪威是综合高中发展最为典型的职业教育国家。

（3）关于调整职业教育专业目录，拓宽专业面向的研究

中东欧国家在20世纪90年代以来，通过调整职业教育的专业设置和结构，积极推进职业教育改革。在欧盟的支持下，波兰和匈牙利等国大力削减专业数目，更新课程内容，提高教学方法，增强职教师资力量。这些改革旨在适应社会和经济发展的需求，提供贴近实际、适应中小企业需求的职业教育，降低学生辍学率，提高职业教育的吸引力，并更好地适应经济社会的发展。此外，中东欧国家还与

德国联邦职业教育研究所等国际合作伙伴展开合作，共同研究并进行专业设置的调整。针对不同行业的需求，他们先后对电力、冶金、建筑、金融、保险、商业、企管和环保等领域进行调整，并不断优化专业结构。通过这些努力，中东欧国家的职业教育得以更好地适应经济社会发展的需要，为学生提供更实用、更有针对性的职业教育。

（4）关于加强校企合作，发展"现代学徒制"专业教育的研究

学徒制培训是一种实现产教结合的有效形式，许多国家都在积极发展学徒制培训并取得了良好效果。学徒制培训适应了产业结构的变化，并成为许多国家高中后阶段职业教育的主流形式。这种培训模式在欧洲国家、拉美国家等都得到了广泛发展。其中，德国、丹麦和奥地利是学徒制培训发展最具代表性的国家，他们的制度比较完善，规模较大。不同国家的学徒制培训水平存在一定差异。通过学徒制培训，产业能够更好地培养并满足所需的人才。

3. 国内外高职院校专业建设与发展的研究趋势

综合上述国内外高职院校专业建设与发展的研究，可以看出，未来关于高职院校专业建设的研究主要趋势如下。

一是从微观上对某一个专业建设进行解剖，如对汽车检测与维修专业建设的全方位解析，对专业建设过程的经验体会进行总结。

二是对于专业建设过程中某一热点问题的研究，如师资队伍、实习实训基地建设管理等问题的具体解释。

这些研究的特点是集中研究了专业建设某一个问题，但对专业建设的综合研究较少，无法给出怎样建设一个可持续发展的适应区域产业和经济结构的特色专业的答案。

（二）专业可持续发展内涵

1. 高职院校的专业内涵

（1）专业的含义

专业是根据社会职业需求、学科分类和科技发展划分的学术领域。在当今社会，专业的划分是为了满足日益增长和多样化的职业需求，同时跟随学科发展的脚步，以应对科技创新和社会转型的挑战。职业院校的专业作为教育体系中的重

要组成部分,旨在为学生提供全面深入的专业知识与技能教育。

职业院校的专业划分是基于学科分类和社会职业分工的需求而展开的。学科分类是按照知识的体系结构和内在逻辑进行组织,将知识领域划分为不同的专业领域,使得学习过程更加有条理和系统。同时,职业院校的专业分类还反映了社会职业分工的需求。由于不同的行业和职业领域对专业知识和技能的要求各异,因此,职业院校依据社会对人才的不同需求设立不同的专业。通过独立的教学计划和培养目标,职业院校努力使学生具备适应社会发展需求的专业素养,为他们的职业发展作好准备。

职业院校的专业是将专门化的知识领域与人才培养相结合的基本组织形式。通过系统的课程设置、实践教学和行业实习,职业院校的专业教育致力于培养学生的实际操作能力、解决问题的能力以及创新精神。这样的培养模式旨在满足经济建设和社会发展对高素质专业人才的迫切需求。

(2)高职院校专业建设的定义

高职院校的专业是一种以职业岗位群或科技领域为导向的教育教学模式。它致力于培养全面发展的职业技能素质,并以应用性为目标。高职院校专业设置与职业需求相结合,教学过程注重实践性。专业的发展是为了满足国家和地方经济发展对高技能应用型人才的需求,同时也是学校与社会需求紧密结合的重要环节。专业设置应贴近区域经济,在技术领域和岗位要求的基础上灵活调整。

高职院校专业建设的定义突出了培养应用型人才、紧密结合区域经济和服务社会需求的原则。相关政策文件(如《教育部关于全面提高高等职业教育教学质量的若干意见》)的推动,使得高职院校专业建设得到了规范和推进。针对专业建设,政策文件明确了一些要素,包括建立专业指导委员会、制定专业教学标准、与职业鉴定机构合作推动职业资格认证等。这些措施旨在提高教育质量,满足社会需求,并推动了高职院校专业的发展。高职院校专业建设在推动经济发展和满足社会需求方面发挥着重要作用,它通过紧密结合行业需求、强调实践教学和培养实用型人才的特点,为国家和地方培养高素质的技术应用型人才作出了重要贡献。

2. 高职院校专业建设的发展历程

我国的高等职业教育起步于20世纪20年代,但很长一段时间内,高等职业教育仅在普通高等院校中部分专业存在，独立的高等职业院校较少。这时期的高等职业教育被视为本科教学的压缩版本，尚未明确其办学性质和定位。虽然这种"压缩饼干"式的办学方式在一定程度上实现了快速而高效的人才培养，符合当时高等教育的特点，但其专业目录相当于本科目录的缩减版，不符合专业科学化的要求。然而，在当时背景下，这种做法具有一定的积极意义：一方面，解决了有类可循、有业可学、有专可分的问题，满足了教学管理需要；另一方面，适应了中国社会和文化的需求，易于社会接受和理解；此外，从形式到内容、教学到评价，都有可依循的规范。尽管这种做法可能不符合现代职业教育的科学理念，但在中国高等职业教育发展的初期阶段，它依旧在形式到内容、教学到评价等方面，为高职教育的发展提供了一定的指导。

2000年，中国开始实施以明确职业导向和目标的新型高等职业教育大发展战略，旨在推进高等教育及高等职业教育的大众化。在这一背景下，高职院校的专业建设成为教育主管部门和社会各界的关注焦点。2002年，教育部启动了高职高专指导性专业目录的研制工作，通过努力，形成了19个专业大类，78个专业门类，532种专业的专业建设格局。这一专业建设结构和平台构建的进展为高职教育的发展提供了巨大的空间。

在这一过程中，教育部以教高〔2004〕1号文件的形式明确了"以就业为导向"的专业设置原则，推动高等职业教育专业建设与改革发展的若干意见。这一文件第一次统一了"高等职业教育"这一概念，标志着高等职业教育专业建设进入了一个新的阶段。

如今，高职院校的"专业指导目录"始终贯彻"以服务为宗旨，以就业为导向"的办学理念，力求体现高职专业设置的特色，促进职业教育与就业创业教育的紧密结合。该目录具有以下三个特点：

职业性与学科性结合：该目录将职业岗位群或行业作为专业设置的主要依据，同时兼顾学科分类。这意味着专业的设置既要满足就业市场的需求，也要保证学科的专业性和深度。通过将职业性与学科性相结合，高职院校能够培养出既符合职业发展需求又具备学科研究能力的毕业生。

适应性与针对性相结合：该目录要求专业设置要兼顾宽窄并存，以满足用人单位的岗位技能要求，并促进学生个体的可持续发展。这意味着专业设置应该具备适应性，能够及时调整和更新，以适应社会和经济的变化。同时，专业设置也要具备针对性，能够满足各个学生的个体需求和职业规划，使其能够在就业市场中有竞争力。

灵活性与稳定性相结合：该目录既统一规定了专业划分、名称及所属职业技术分类，又反映了用人单位和职业院校需求的职业技术人才业务规格和培养目标。这意味着专业设置要在保持一定稳定性的基础上具备一定的灵活性，能够根据社会需求和发展变化进行调整。灵活性能够使专业设置更具前瞻性和适应性，而稳定性能够保证专业设置的连续性和可靠性。"专业指导目录"实现了对国家实施高职高专教育的宏观管理，对于推动高职院校的专业建设规范性和灵活性起到了积极的作用。

3. 高职院校专业可持续发展的内涵

与普通高等学校相比，在高职院校中专业的作用更为重要，专业是高等职业院校中最基本的单元细胞。高等职业教育质量主要取决于高等职业院校专业的教学质量，而高等职业院校的办学质量则取决于专业建设的质量。

高职院校专业的可持续发展构成要素包括专业的内涵、质量、口径，以及建立在专业内涵基础上专业间的构成状态，包括专业数量、规模、布局及衔接关系等。专业结构优化就是通过增减专业种类和数量、调整专业比例和布局、创建专业品牌和特色，不断满足产业结构需要的优化过程。高等职业教育是提升劳动力素质的主渠道，高职院校的专业建设对改善高技能应用型人才结构起着基础性作用。高职教育专业转型和结构优化以适应我国产业结构调整和经济发展需要为目标，必须通过调整专业数量、层次、规模、质量，以及科技服务来体现。高职院校专业建设的可持续发展，涵盖了专业的设置与调整、教学资源设施建设、师资队伍建设和重点专业建设等方面。同时，也需要研究专业人才培养目标和规格。因此，高职院校专业建设的可持续发展可以从专业建设的超前发展、持续发展、协调发展和整体发展四个方面入手。

专业建设的超前发展要求在专业设置和调整中具备超越传统的意识和预见未来的能力，既要考虑现实市场需求和学校资源，也要对其进行批判性的反思和理性把握。这意味着我们不仅要顾及眼前的问题，还要有长远的眼光，超越传统做法，以适应未来的发展趋势和挑战，保持专业的前沿性和创新性。只有这样才能摆脱高职院校专业人才培养滞后于经济发展和用人单位需求的被动局面，更好地紧跟市场需求进行专业人才培养。

在技术和劳动力时代的背景下，专业建设的持续发展需要与劳动力市场需求相匹配，并进行相应的调整和改造，使其更富发展的动力与活力。为了实现这一目标，合理配置专业资源至关重要，并且专业设置应适应社会可持续发展的需要。

为了实现专业建设的协调发展，需要确保专业结构和布局的合理，各要素（人才培养、教学、师资等）的有序，以实现整体的协调和平衡。在决策过程中，应综合考虑各要素的统一性，促进整体发展，构建健康循环。

专业建设的整体发展要从两个角度进行思考和推进。一方面，专业建设的内涵包括专业设置、调整、改造以及师资队伍和设施建设等方面的发展。另一方面，专业培养目标要注重培养具备全面、个性化和综合发展能力的人才。

为保持专业建设的活力并促进其协调发展，我们需要确保专业设置与劳动力市场需求相匹配，合理配置专业资源，并培养具备综合素质的人才。只有这样，我们才能实现专业的可持续发展，从而为社会的可持续发展作出贡献。通过这些努力，我们将建立起一个与时代需求相适应的专业体系，并为未来的发展奠定坚实的基础。

（三）我国高职院校专业建设的现状

高职院校的专业结构是由一定的社会经济、科技发展、产业结构、社会分工和劳动力状况所决定的。高等职业院校的专业建设要以就业为导向，全面推进人才培养模式的改革。一些省市也陆续出台了高等职业院校专业布局结构调整的相关文件，提出高职院校专业设置要削减基础性专业，增加应用型、技术技能型专业的要求。全面进行专业结构调整，由数量扩展为特征的外延发展，向以质量提升为特征的内涵发展转变，打造专业品牌，突出专业特色，形成具有鲜明时代特征的人才培养结构和专业结构体系。根据区域经济转型、产业升级的要求，结合高职院校专业建设的现状，各高职院校主动调整专业布局、优化专业结构、深化校企合作、强化专业建设，有效地促进了专业与产业的对接、学校与企业的对接、人才与市场的对接。不仅使高职教育的规模明显扩大、质量明显提升、特色明显突出、就业明显好转，而且较好地满足了社会对人才的需求，为我国经济社会发展和产业结构调整提供了很好的支撑。

1. 高职院校专业建设取得的成绩

（1）专业师资队伍数量与质量取得重大突破，教师教学能力日渐提高

通过近些年的发展，我国高等职业教育得到了质的飞跃，硬件设施建设与师资队伍建设得到了较大提高，其中，教师队伍中具有行业企业从业背景和工作经历的比例进一步扩大，"双师型"教师的比例提高。

"不求所有，但求所用"是高职院校师资队伍建设的理念，来自行业企业的校外兼职教师，成为高职院校实践教学的重要力量，师资队伍的结构进一步优化。高等职业院校更多地招聘了企业技术人员和能工巧匠担任兼职教师。

随着各行各业的快速发展，教师面临教学能力提高和专业能力更新的双重压力，教师的教学质量明显提升。2021年，教育部、财政部印发的《关于实施职业院校教师素质提高计划（2021—2025年）的通知》从总体要求、重点任务、保障措施等三部分，强调要健全完善现代职业教育师资培训体系和培训制度，科学制定培训方案，创新培训方式，优化培训内容，建立健全管理制度和考核评价机制，着力提升教师思想政治素质和师德素养，提高教师教育教学能力，推动职业教育高质量发展。高等职业学校师资培训力度不断加大，同时，校本培训也日趋活跃，各个高职院校的教师的职业执教能力明显提高，使专业的可持续发展有了人的保障。提高办学能力、专业建设和教学能力逐步得到高等职业教育战线的普遍重视。

（2）专业人才培养目标和规格与社会用人的需求贴合日趋紧密

目前，我国产业结构存在不平衡问题，传统优势产业竞争力下降，需要培养支柱产业人才；战略性新兴产业有巨大潜力，需培养紧缺人才。政府采取措施缩减中职招生规模，增加高职招生规模，以促进产业结构调整和经济发展的结构优化，提高技术水平和竞争力，优化资源配置和教育质量。这使得职业教育人才培养目标和规格逐渐与社会用人单位的需求结合日趋紧密。

2. 高职院校专业建设存在的不足

（1）专业设置与调整缺乏科学统筹

①专业同质化趋势严重，专业设置模仿多

一些高职院校不从自身优势出发，做精做强自身具有比较优势的专业，而是一味照抄和模仿其他院校的强势专业。但其他院校的优势专业往往是经过了长期的沉淀并依托了各个学院的优势专业才发展起来的，模仿的院校往往因为不具备

相应的资源而导致新设的专业发展不起来。专业设置的短期行为明显，只求一时的适应市场，急功近利地解决学院的"招生"问题，避免部分专业消亡而导致的部分教师下岗或者转岗问题。在专业设置过程中，主观化倾向严重，往往是院领导考察归来，觉得哪个学校的哪个专业办得好，就在本校开设类似专业。在师资、课程设置上不考虑本地区的实际需求而盲目照搬其他院校的教学计划、课程体系，导致培养的学生水土不服，难以适应本地的需求。这直接导致各个高职院校的专业设置雷同，而且各个高职院校在专业设置时，大多选择设置成本低、易于教学、见效快的"社科类"专业。如围绕着第三产业、服务性行业而设置，大多数学校都开设了经贸外语、文秘、电子商务、计算机应用、经济管理、旅游管理、会计等所谓的热门专业，形成了学校间争夺生源的竞争局面，而不顾及专业结构的合理性、学校办学条件和社会的用人需求，从而造成各个学校间的资源重复投入。

②专业设置时调研少，专业设置盲目

高职院校在专业设置中存在问题，即过于注重形式而不重视调研。在调研不足的情况下一味地增加新专业，专业总量增长过快，不结合实际情况进行专业设置，而是随波逐流地增设所谓热门专业，急于追求近期的效益，导致一些高职院校新增的专业缺乏必要的办学条件，无法保证教学质量。同时，专业设置不能与社会需求相对应，一些专业可能面临潜在的就业危机。这种现象导致专业结构失调，影响了高等教育的协调和持续发展。

高职院校在专业设置的过程中，对专业设置的调研投入较少。例如，在德国的职业教育专业设置中，一个专业的设置会经历5年左右的劳动力市场跟踪调研，而在我国部分院校在新专业设置过程中不重视调研，往往根据一则新闻、一次考察就设置了新专业。对社会潜在的人才需求缺乏应有的、充分的市场调查研究。

③专业设置与教学执行科学性差

在设置新专业时，没有进行充分的市场前景、就业前景等方面的分析研究，仅凭感性认识和盲目设置专业，导致专业的市场前景和走俏程度难以保证。新专业成立后，对课程体系和教学内容的设计缺乏广泛的调查和严密科学的专家论证过程。这导致课程体系的设计可能不符合行业需求和职业要求，教学内容的设置可能缺乏与实际工作相结合的职业性。教学内容的设计没有体现出高等职业教育的"高等性"和"职业性"，即教育过程中没有注重培养学生的创新能力、解决问题的能力和适应社会发展需求的能力，这使得毕业生在就业市场上难以与其他高水平毕业生竞争。由于我国现阶段没有一个专业法定的教学计划，课程开设的随意性较大，对"先开什么课、后开什么课"的知识衔接性重视不够，因此，开课时由于师资不足或者师资结构问题根据教师的专业"开课"的现象仍然存在。

（2）专业教学设施建设理念落后

①教学设施建设投入数量、质量、结构不合理

高职院校的专业建设与发展对实习实训教学设施的要求高于本科院校，这就要求对高等职业教育的教学设施投入数量高于本科院校的投入数量。但是近几年的高等职业教育较大规模的飞速发展，使得教育管理部门忽视了这种投入的必要性，这使得绝大多数高等职业院校在师资力量、实验实训条件、实习基地、课程设置、教材建设等方面跟不上职业发展的需要，职业教育的办学投入不足，影响了高职教育人才培养目标的实现。也使社会公众对职业教育的认可度不但没有提高，反而有下降的趋势，具体表现就是报考职业院校的学生数量在减少，生源质量在下降。

教学设施的匮乏还与各个高职院校在专业设置过程中的随意性有关，有的学校教学资源可能主要集中在理工专业，对开设社工类专业缺乏优质的教育资源。由于学校缺乏长期资源积累的专业软件、硬件建设能力，又盲目举办一些所谓的热门专业，教学质量低劣，在某种程度上出现误人子弟的现象，造成专业的可持续发展能力不足。

（2）重专业教学硬件设施建设，轻教学设施使用

经过多年的发展，各个高职院校都非常重视专业教学设施的建设，尤其是重视建实训室、买各种硬件设施等"看得见"的设施上面，但在教师如何使用这些硬件实施，鼓励教师使用这些硬件设施，如何将专业硬件教学设施和课程教学内容进行融合上投入不够，造成教师不会使用或者不会很好地使用教学设施。

各个高职院校的教学设施分散在不同的院系和部门，界限清楚，各个部门间的教学设施很难实现共享共用。在各个高职院校的不同部门，都建有很多功能类似的实训室、机床等硬件设施，造成这些设施在教学过程中的使用率却普遍不高。使用率不高的原因还包括：一是使用实训设施进行教学的教师投入精力较大，教师"理性"地选择在教室"轻松"的授课方式，从而有授课的"偷懒"行为；二

是实训室的"损耗"和"后续管理"问题制约了实训室的使用，使用这些设施给学校增加了投入和教学管理过程中的麻烦。在一些院校，一些实训项目要经常购买一些教学材料，而要购买这些材料需要经过学院的层层审批，这也造成部分职业院校不鼓励使用这些实训设施，实习实训设施成了"参观和游览"圣地而不是教学场地。

（3）专业师资队伍建设结构不合理

①教师知识结构与专业设置不协调

由于我国高职院校大部分属于事业单位，导致教师"能进不能出"，教师的知识技能结构哪怕不能胜任高职院校的专业设置格局，学院仍然必须安排其工作。所以部分高职院校在专业建设过程中，不是根据市场需求开设专业，而是根据"教师知识结构"设置新专业。这导致学生学什么不是由劳动力市场说了算，而是由高职院校教师的知识结构所主导。受限于教师参差不齐的知识水平与结构，专业的设置不能紧跟社会不断发展与变化的需求，毕业生常常无法获得符合社会需求的全面的素质，从而出现就业危机，专业的发展也停滞不前。

②教师教学技能与专业职业标准要求的技能不符

有的职业院校什么专业"热门"就上什么专业，什么课程"热门"就开设什么课，不考虑该专业的自身师资力量和教学条件是否具备。这使得部分教师频繁地开新课，而且所开新课往往已经脱离了自己的专业。教师自身的专业知识与技能积累较差，导致授课过程中教师自己对知识点的理解不够深入，学生无法掌握其所传授的技能，从而达不到从事该专业对应职业的技能水平。

（4）专业人才培养目标和规格市场适应性不足

①培养目标和区域经济发展水平脱节

部分高职院校的培养目标，不考虑所处区域的产业结构特征，与区域经济发展水平脱节。这使得毕业生的就业形势变得严峻，专业质量和办学效益也难以保持较高水平。由于缺乏长远规划和品牌建设，一些高职院校在专业设置上盲目开设新专业。这种盲目行为可能是为了应对瞬息万变的经济形势，但却缺乏充分的前瞻性和长远发展思考，而且，缺乏品牌建设也导致高职院校的专业在市场中缺乏知名度和竞争力，影响了招生和就业情况。此外，高职院校的专业设置也缺乏稳定性和特色专业。一些学校可能过于追求新颖和热门的专业，而忽视了一些传统且稳定的专业。这导致了专业的频繁调整和变更，给学生带来了不必要的困扰。同时，缺乏特色专业也使得高职院校在激烈的竞争中显得平庸，难以突出自身的优势和特点。

②培养规格和产业结构升级的需求错位

高职院校专业培养规格仅停留在大专层次，而在经济发达地区，用人单位对劳动力的需求层次已经在向本科和研究生靠近。用人需求和高职院校的专业培养规格错位，迫切需要高等职业院校突破人才培养的层次瓶颈，成为一种独立的教育类型，拥有自己的本科、研究生培养体系。现阶段，各个高职院校为了凸显专业的个性化特色，常常将专业进行极度细分，并采用相应的培养方式。然而，这种做法可能导致学生在知识面上存在局限，专业基础知识的扎实程度不够，对于专业领域较为深入的知识只是浅尝辄止。这种流于表面的教育方式可能影响到学生的学习习惯和思维方式，不利于学生知识迁移能力的长久发展，难以适应社会经济、科技、文化发展和学生可持续发展的需求。

（四）专业建设亟待解决的问题

1. 高职院校专业建设和市场联动机制失灵

高职院校专业建设的有效性与市场的紧密联动息息相关。为了确保专业设置与市场需求相符，高职院校应坚持市场性原则，思考并适应社会经济和产业结构的变化。专业建设需要满足职业岗位的要求，并与当地经济和行业特点密切结合。

专业建设的关键要素包括专业设置、专业教学、实践教学体系和基地建设，以及师资队伍建设。通过合理设置专业课程和教学内容，高职院校可以培养符合市场需求的人才。实践教学对于提升学生的实际操作能力和解决问题的能力至关重要，故建设实践教学的体系和基地也是不可或缺的。

同时，构建理论与实践相结合的"双师型"师资队伍是高职院校专业建设的重要环节，这种师资队伍结构将有助于增强学生的实践能力，并促进理论与实践的融会贯通。因此，高职院校应重视师资的培养和引进，建立强大的师资队伍。

为了确保专业建设的成功，高职院校应在专业设置、教学体系建设和师资队伍建设方面加大研究和投入力度。同时，市场性原则在专业建设中也起着重要的作用，将市场需求纳入考量可以更好地满足学生和社会的期望。高职院校应始终重视市场性前提，以适应不断变化的市场需求。

2. 高职教育专业的向上延伸和对接问题矛盾突出

高职教育在今天的社会中扮演着至关重要的角色。作为培养技术技能和为就业市场提供人才的关键环节，高职教育应当不仅仅关注就业和技能培养，更需要注重学生的全面发展和知识可持续发展能力。这既包括在专业技能上的培养，还包括关注学生的人文素养、社交能力、创新能力等方面的发展。一个人的全面发展不仅有助于其个人的成长，也能够提升其对社会发展的贡献。因此，高职教育应该提供一个多元化的教育环境，为学生提供广泛的学习机会和发展空间。在这个知识爆炸的时代，单纯的技能培养已经无法满足社会的需求，高职教育应该培养学生的学习能力、创新思维和持续学习的意识，使他们能够适应不断变化的社会和工作环境。只有具备了知识可持续发展能力，学生才能在面对新的挑战时迅速适应并不断提升自己。

此外，高职教育与本科、研究生教育之间存在衔接难题。由于高职毕业生既有就业需求又有升学和发展需求，高职教育应与其他教育阶段进行有效衔接。为了解决这个问题，可以考虑建立独立类型的高职院校专业教育，这样一方面能够更好地满足高职学生的需求，另一方面也便于高职教育与其他教育阶段的对接，形成一个更加完整和连贯的教育体系。

3. 高职教育专业制度没有从根本上建立起来

高职院校专业建设制度的缺乏导致了高等职业教育的发展面临严峻挑战，包括国家和学校层面都需要建立规范性的制度来指导和评价专业建设的有效性。目前，专业建设制度存在不规范、不系统、无章可循的问题，需要尽快完善和落实相关规范和准则。专业建设制度的重要性不容忽视，其作为学校共同遵守的规范性制度，可以促进专业建设方案的实施和专业设置的有效进行，而缺乏规范性制度则可能导致专业建设的混乱和无序，使得高等职业教育难以实现可持续发展。

4. 高职院校和教育行政部门对专业建设不够重视

高职院校在评价带头人时，往往直接采用本科院校的评价方法，而忽视了高职教育的特点和需求。由于高职院校的教学任务和目标与本科院校有所不同，带头人在专业建设、教学管理和学生培养等方面面临着独特的挑战和责任。因此，倘若只是简单地将本科院校的评价方法套用到高职院校，则忽视了专业带头人在高职教育中的实际情况和工作需要。在许多高职院校中，专业主任常常被视为低层次的管理者，他们缺乏足够的权力和责任。这种短视的观念制约了专业带头人的工作发展，并影响了教育质量的提升。专业带头人作为专业建设的核心人员，应该具备一定的决策权和管理权，以便有效地推动专业建设和教育教学改革。只有给予他们足够的权力和责任，才能发挥他们的潜力和创造力，提升教育质量和专业特色。

此外，短视的态度对专业建设和教育质量产生了负面影响。在高职院校中，专业带头人承担着指导和管理教学团队、制定专业发展计划、推动课程改革和培养特色人才等重要任务。如果他们缺乏足够的权力和责任，无法有效地开展这些工作，势必会影响专业建设和教育质量的提升。高职院校应该意识到专业带头人在专业建设中的重要性，给予他们足够的支持和资源，使其能够充分发挥作用，进一步提高教育质量和专业特色。

5. 构筑专业过程中的学术化倾向依然存在

高职教育的专业体系需要与区域经济和行业发展接轨，并获得行业企业和社会的认同。然而，目前存在一些问题。首先，高职院校的专业设置和教学计划过于偏向本科学科，缺乏专业建设特色，基于社会需求和岗位设置。其次，高职专业过于学术化，缺乏实践性和生命力。举例来说，某高职院校的人力资源管理专业过于类似本科专业，在内容上只是有所精简，并通过添加"实务"一词来区分。然而，这种倾向本科学科的设置方式限制了高职学生获得与实际工作相关的专业知识和技能，难以适应职场需求。因此，高职教育中的"职业化"特色无法充分展现，专业的实践性和适应性不足，存在与实际工作脱节的风险。

为解决这个问题，高职院校应注重专业的针对性和实践性，建立与实际工作紧密联系的课程体系。同时，与相关行业企业密切合作，将实际工作经验和需求融入专业教学中，以确保高职专业真正满足社会需求和岗位设置的要求，使得专业建设具备生命力并与学术化特点相衔接。

6. 科学有效的专业建设考评机制尚未建立

高职院校在专业设置过程中需要充分考虑资源约束条件。依照科学有效的专业设置体系，摒弃过往根据领导喜好、教师的突发奇想进行专业设置工作的做法。充分考虑教学设备、师资队伍、实践机会和教学资源等，以确保为学生提供良好的教学环境和资源支持，促进人才培养工作的顺利开展。那么，应该怎样评估一所学校是否具备了开设某专业的条件？虽然教育主管部门要求高职院校开设新专业进行申报，并且从师资、教学设施等硬件资源上，审查一个院校开设新专业的可行性，但至今没有科学的办法和政策。尽管市场是检验专业建设成败的标准，但这种检验属于事后检验，失败的成本过高。在市场对专业的检验过程中，检验的主要指标主要包括就业率、就业对口率、起薪率，但缺少用人单位和学生、家庭方面的评价。所以，要想保持高职专业的可持续发展，必须遵循高等教育的一般规律，基本专业建设必须科学化、规范化。

7. 高职院校专业建设的长效机制缺位

高职院校的专业设置和布点需要综合考虑区域经济社会发展对人才需求的变化，并根据高职院校的资源来优化资源配置，以实现各专业在不同高职院校之间的合理布局，这是为了建立长期稳定发展的机制。同时，稳定性和灵活性也是专业建设中需要平衡的因素。其中，专业建设的稳定性是必要的，因为它需要经过一定的时间来积累师资、教材和实训环境等方面的建设。专业的规模、水平和质量与稳定性密切相关，因为没有稳定性就无法达到规模和水平上的要求。然而，专业建设的目标是培养适应经济社会发展需求的人才，而这种需求是不断变化的，不同行业和地区对人才的需求存在波动，并且新技术、新产业和新职业的出现也带来了对新型人才的需求。因此，高职院校的专业建设需要在保持稳定性的同时具备一定的灵活性，及时调整和改造专业，发掘传统专业的新增长点，开发满足社会经济发展需求的专业，以适应不断变化的人才需求。

（五）专业可持续发展创新思路

1. 专业设置与市场联动机制

（1）瞻前

在专业设置前要像企业进行市场营销定位一样做PEST分析（宏观环境分析），预测国家职业教育发展政策、对职业教育的定位、职业教育的发展方向和国家经济结构、产业结构调整、地区产业结构构成，社会对某个专业的认可度、专业技术水平要能引领行业企业的技术。高职院校的专业设置需要科学性原则的指导，并与学校的总体发展规划、办学定位和发展目标相一致。在确定专业设置时，需要进行可行性论证和调查研究，充分考虑学校的软硬件条件、师资力量和教学设施，并考虑与其他专业的资源共享与共用，以最大程度地发挥教育资源的效益。

专业设置的目标是培养符合行业标准、满足社会用人单位需求的学生。这要求专业设置和培养目标规格与行业标准相符，毕业生具备满足社会劳动力市场需求的能力素质。同时，学生家长对学校的培养过程、标准和结果应感到满意，学生本身也应具备良好的职业道德、较强的职业能力，以及可持续发展的学习和应用能力。

特色优势专业应考虑人才培养的周期性，适应区域社会经济发展的需要，关注现代产业发展趋势和区域新兴产业的需求。为动态培养社会上需求量紧缺的技术应用人才，高职院校可以灵活地采取多形式、多学制、多规格的方式设置短期专业。

同时，从学校长远发展的角度看，还需要建设一批具有特色的长期（可持续发展）专业。这些专业应与国民经济中重要的产业相对应，具备高技术含量，能够引领科技发展潮流，符合竞争性经济特征。这样的专业可能需要投入较多资源，但通过长期的积累，可以打造具有竞争优势的成熟专业，形成自己的特色和风格。

（2）顾后

在专业设置上应考虑以下几个方面：专业未来的发展趋势、专业设置规范、专业划分符合教育部相关标准、名称规范明确、内涵科学清晰、外延明确、课程结构合理。同时，还要考虑专业的投入产出是否经济合理，效益是否最佳，以实现社会需求和社会功能。要明确未来劳动力市场对新建专业的人才需求数量和需求结构，未来会有多少竞争对手设置类似的专业，支持专业发展的资源是否丰富等因素对专业设置产生的影响。明确这些问题对于处理专业建立后与其他院校的交流，专业建设的资金来源等专业建设的后续问题有着非常重要的作用。

2. 专业建设的协调发展

（1）专业建设结构和职业院校的资源相协调

学校开办专业结构要和学院拥有的资源相协调，专业结构应该保持相对的稳定性，对专业设置的形成和完善是非常重要的，因为学校拥有的师资、设施等资源是人才培养质量和教学工作良好秩序的有力保证。高职教育的专业设置应追求稳定与协调，以优化配置教育资源、实现资源共享和最大效益为目标。为此，需要重视生源供给和社会需求，避免过快增长和频繁变化。专业设置和调整应建立在充分的调查研究基础上，确保开办的专业能够在长远发展中保持稳定，避免轻易取消。保持专业相对稳定对学校和企业都十分重要。稳定的专业设置能够使他们有充足的投入，积累经验，提高教学水平，创造特色，实现可持续发展，而频繁变化的专业设置会导致资源的分散和浪费，无法形成有效的教学和培养体系。

同时，专业设置应该与生源供给和社会需求相匹配。教育机构需要关注学生的意愿和利益，结合社会对人才的需求来确定专业设置，这样才能确保专业的就业前景和社会认可度，并为学生提供更好的发展机会。要实现稳定与协调的专业设置，需要系统的调查研究工作，这包括对就业市场的需求调研、行业发展趋势的分析以及与相关部门的沟通合作。只有通过充分的了解和预测，才能作出准确的专业设置和调整决策，确保专业的长远前途和可持续发展。

（2）专业建设布局和专业教学设施建设相协调

当高职院校考虑专业布局时，需要综合考虑教育资源和办学条件，这包括师资、资金和教学设施等硬件条件，这些条件对专业的正常运行和实现人才培养目标至关重要。高职院校应主动调整专业布局，以加强内涵建设和提高教育质量为重点，来满足社会需求。学校应充分利用自身实力和优势，开办具有特色的专业，以提升竞争力，并为社会进步和经济发展作出贡献。如果学校盲目开设专业而忽视自身条件，将难以满足基本要求，影响毕业生的素质，并有可能导致专业被市场淘汰。因此，高职院校在专业布局上需要谨慎决策，确保专业的合理性和可持续发展。

3. 专业的整体性发展

（1）专业建设内涵的整体性发展

专业建设内涵的整体性发展是指专业设置、调整、改造、师资队伍、专业设施等方面的建设要从全面整体的角度考虑，专业建设要适应区域经济需求和产业结构的需求。高职院校在长远规划和利益上的调整升级应该考虑区域经济和产业结构的影响，以确定人才类别、数量和质量的具体要求。这意味着学校需要建设一批具有生命力、发展稳定、前景广阔的长线专业，也就是学校的成熟专业，并通过办学积累和发展以形成自身的特色。在区域经济和产业结构调整的背景下，高职院校需要深入了解所在区域的经济情况和产业发展趋势。通过与相关企业和机构的合作，学校可以准确把握市场需求，及时调整专业设置，培养学生所需的技能和能力。此外，学校应该注重专业的长期发展。通过引进新的教育理念和技术，不断更新课程内容和教学方法，保持专业的领先地位。同时，学校还应该加强师资队伍建设，吸引优秀的教师和研究人员，提供他们所需的培训和支持，以提高教育质量。对于学校而言，重要的是要深刻认识到教育对国家经济发展的重要意义。高职院校作为培养技术人才的重要基地，应该把握时代发展的机遇，紧密结合社会需求，积极引导学生的创新精神和创业意识，培养具备实践能力和创新思维的人才。

美国社区学院的专业设置经验是值得借鉴的。美国社区学院在专业设置方面注重社区发展的实际需求，旨在促进社区的改革与建设，并满足社区的用人需求和学生的个人需求。他们的专业设置紧密关注社区经济的发展需求，确保学生能够获得与就业市场需求相匹配的技能和知识。

（2）专业培养目标的整体性发展

专业培养目标的整体性发展是指高职院校各专业培养的人才要全面发展、全体发展与个性发展的结合。

专业培养目标要考虑人才全面发展的需要，人才的全面发展是指在专业教育中既要培养学生的专业技能又要培养学生的学习技能，使其既能在毕业后从事与专业相关的岗位，也包括随着产业结构调整学习其他岗位工作所需技能的学习能力，也就是岗位迁移能力。如果一个学生在毕业后可以找到工作，但工作一段时间后，随着技术进步和知识更新，这个学生就不能再胜任升级后的工作，这样的专业培养目标就没有考虑人才的全面发展。

高职院校的专业培养目标需要在整体性发展与人才培养的针对性和社会需求快速变化之间取得平衡。除了掌握岗位工作能力，学生还应具备适应性和专业发展性，以迎接不断变化的社会需求。为了解决这一问题，高职院校应加强专业群建设，并将具有共同专业技术基础课程和基本技术能力要求的专业组合成专业群。专业群建设有助于稳定并提升教学质量，满足学生需求。通过将相关的专业组合成专业群，院校可以更好地利用教学资源，提供更广泛的学习机会。这种设置不仅有利于学生形成完善的知识结构和综合技能，还能培养他们的专业发展能力和就业竞争力，进一步增强职业选择能力。通过专业群的设置，学生能够跨越特定岗位工作内容的限制，具备跨领域的工作能力。他们将具备应对不同工作环境和需求的灵活适应能力，更有职业发展的机会。同时，高职院校也应注重培养学生的持续学习能力，使他们能够跟上社会需求的快速变化。通过提供终身学习的机会和资源，学生可以不断扩展知识和技能，适应职业发展的变化和挑战。

专业培养目标考虑人才的全体发展是指在人才培养过程中，照顾到一个专业不同学习能力、不同学习基础的学生，要保持这些学生培养质量的差异在一定的可控范围内，不能出现有的学生质量较高，有的学生质量较差。

专业培养目标考虑个性发展是指在专业培养目标中，照顾到这个专业中处在"两极"的学生，特别好的学生要让他"吃饱"，特别差的学生要让他"吃好"。

4. 专业建设的持续发展

专业的可持续发展必须依赖专业内涵结构的系统支持，专业内涵结构的要素直接影响着专业的可持续发展。其中，专业的设置必须与产业职业岗位相对接，以确保专业的可持续发展。专业课程的设置必须与职业标准相适应，为专业的可持续发展提供质量支撑。教学过程和生产过程之间必须相互对接，为专业的可持续发展提供力量支撑。学历证书和职业资格证书必须相互对接，以确保专业的可持续发展。

（1）以专业调研为基础实现专业设置与产业职业岗位对接

①专业与行业对接

高职教育的培养目标是培养实用型、技术型和复合型人才，以满足生产、建设、管理和服务等一线需求。为了实现这一目标，高职院校的专业设置和管理必须具备鲜明的行业特色，并与当地社会经济发展和产业结构相适应，与本地区相关的行业保持紧密联系。因此，高职院校的专业设置必须根据地方经济发展和人才市场职业岗位的变化及时调整。专业设置应以市场实际需要和职业岗位为导向，根据当前和未来一段时间内所需技术人才的数量，深入调查研究市场人才供求情况，考虑当地产业结构和社会人才需求的变化趋势，确定专业体系主体框架。合理的专业设置应使得专业与社会职业相呼应，与企业需求相接轨，并与就业岗位相匹配。为了达到这一目标，高职院校需要与企业建立紧密合作关系，关注企业需求和市场变化，在专业设置时将企业需求纳入考虑范围，培养出适应社会和市场需求的高素质人才。具体来说有以下三点。

第一，高职院校需要结合本地区产业结构的发展方向，整理产业链的各个环节，并以此为基础制定适合学校发展的专业链。通过将专业链与当地产业链相衔接，实现专业建设与产业发展的相互促进，共同成长和繁荣，充分展示高职院校的办学优势和特色。比如，现代服务业已经成为首都的支柱产业，现代服务业包括人力资源、社会保障、财务服务等相关行业的专业人才需求。从首都高职院校的专业布局来看，人力资源管理、财务服务等专业已经成为首都高职院校的主体专业，受现代服务业的影响，还应开设酒店管理、旅游管理等为现代服务产业服务的专业，逐渐建立相关的专业链，为首都产业链的发展提供人才服务。

第二，高职教育的专业设置必须与地方经济转型和产业结构变化的需求紧密结合。为了适应地方经济和社会发展的需要，需要通过改造老专业、合并相近专业和开设新专业等方式来调整专业结构。这样的举措可以满足地方经济和社会的需求，同时也可以提高高职院校的吸引力和核心竞争力，实现内涵好、就业旺的目标。

地方经济的转型和产业结构的变化对高职教育的专业设置提出了新的要求。随着时间的推移，一些旧专业可能已经无法满足现代化产业的需要，因此需要对这些专业进行改造和调整。另外，一些相近的专业也可以考虑合并，以减少重复建设的资源浪费，并且提高教学质量和学生竞争力。

同时，随着经济的发展和产业的变化，新的专业需求也会不断涌现。高职院校应该密切关注地方经济发展的趋势，灵活开设适应新产业需求的专业。这样可以为地方经济发展提供有力的人才支持，也可以增加高职院校的社会影响力和知名度。

除了专业设置的调整，高职院校还要注重培养学生的实际动手能力。与传统的理论教学不同，高职教育应当注重实践教学，培养学生实际操作和解决问题的能力。通过实践教学，学生能够更好地适应工作环境，提升就业竞争力，实现毕业即就业的目标。

第三，高职院校专业的设置应紧密围绕着区域经济建设和行业发展需求展开，同时注重研究市场所需和职业能力的培养。随着人才市场对职业岗位需求和从业人员数量的不断变化，为了确保专业的长期适应能力，必须根据市场情况确定专业设置和课程开发的方向。

首要任务是与区域经济建设和行业发展需求相匹配，从而满足各个区域的实际需求。这意味着高职院校应该关注分析各个地区的产业结构和经济特点，以便为学生提供相应的专业课程和实践机会。通过紧密联系本地企业和组织，院校可以更好地理解市场需求，从而培养出能够适应当前和未来就业市场的毕业生。

高职院校还应积极研究就业市场对于从业人员数量的需求，以此为依据来确定专业设置和课程开发方向。这意味着要关注就业市场对各个专业领域需求的变化趋势，以确保所培养出来的毕业生具备招聘者所需要的技能和知识。

②专业与企业对接

高等职业院校在专业设置方面应高度关注企业的人才需求，并保持相对稳定的专业设置，同时也要具备灵活调整的能力。长线专业应当适应企业岗位需要，并不断发展与更新，以紧跟行业的进步和变化；而短线专业则应根据企业的实际需求进行投入，以满足当前就业市场的需求。

为实现与市场的紧密对接，高职院校需要注重开放的运行机制。这意味着学校要及时了解市场变化，根据需求调整和更新专业设置。通过市场需求的分析和对学校实际情况的评估，学院可以评估专业设置的适应性。这种开放的运行机制能够确保专业与社会职业、企业需求和就业岗位相匹配，提高学生的就业率和新生的报到率。

此外，学院还应构建适应市场需求的课程体系，培养学生的综合能力。这样的课程设置能够使学生在掌握专业知识和技能的同时，培养他们的创新思维、综合分析能力等软技能。这样的综合能力培养能够确保学生能够适应不断变化的市场环境，提高他们在就业市场中的竞争力，从而顺利就业。

③专业与职位对接

高职院校应当根据职业岗位需求、国家标准和工作过程导向的课程体系实施要求，与企业建立密切的校企合作关系，以建立实训基地和模拟仿真项目实训中心为重点。通过构建车间式实训中心，并借鉴企业的生产环境和管理方式，学生可以在真实的工作环境中接受培训并完成实际项目。应将学校的教学环境与实际生产环境有效地结合起来，为学生提供真实的实训机会，培养他们的实际工作能力。这将有助于使学生毕业后能够顺利适应并胜任各自的职业岗位要求。这种与企业的紧密合作和实际项目的实训将为学生提供宝贵的经验和技能，为他们的职业发展打下坚实的基础。同时，学校与企业的校企合作也将促进行业发展，加强产学研用的深度融合，实现教育与产业的有机衔接。这一理念将使高职院校教育更具有实践性和针对性，更符合职业教育的特点和要求。通过这种校企合作的模式，高职院校可以更好地培养出适应社会需求的高素质技术人才，为国家的经济发展作出积极贡献。

高职院校应该根据国家标准，设计与实际工作流程相匹配的专业课程。为了确保教学内容符合要求，可以进行实地调研并与企业专家合作。以《电梯电气控制系统的安装与调试》为例，可以通过分析职业活动表确定课程内容，并参考国家技术和质量标准以及电梯企业的实际情况进行课程划分。

教学过程应注重工作过程，采用实践和理论相结合的教学方法。学生在实训基地接受指导，使用导学手册学习理论知识，并通过任务单和工作页完成工作任务。评价过程包括学生自评、互评和教师或专家组的评价，结合过程评价和成果评价。

教学设计还可以融入国家职业标准和企业的行为规范，利用多种教学资源激发学生的主动参与和自主学习能力，例如工作页、学生学习手册、任务单、考核与评价表和多媒体教学软件等。

高职院校应注重与企业文化的对接，以培养学生的职业素养为目标。学校可按照企业架构组建班级，并采用相应的企业管理形式，以加强班级管理和监管力度。这样的做法能够有效地提升学生的团队协作能力和组织管理能力。同时，引入现代企业的5S行为管理模式，并将其与教学管理和学生管理相结合，提高学校的教学质量和管理水平。将企业文化贯穿在教学环节和日常管理中，学生能够在企业文化氛围中接受教育并自觉行动，从而更好地适应未来职业发展的需求。这些努力使高职院校能够为学生提供更贴近实际工作的学习环境，培养出更具职业素养和实践能力的人才。

（2）专业课程设置与职业标准相对接

①专业课程设置与国家职业标准考核项目对接

高职院校的专业课程体系应当与行业企业需求紧密结合，以满足企业用人需求为目标。教师需要与行业专家、企业领导、工程技术人员和一线工人师傅进行广泛深入的调研和研讨，课程设置应根据职业岗位和工作过程确定典型职业活动，并进行专业课程的设计。教学安排上可以分为基础平台课程、专业方向课程、订单课程和顶岗实习四个阶段，以培养学生的实践能力和专业素养。通过将课程与实际职业需求结合，可以更好地满足行业需求，提高学生的就业竞争力和职业发展。

在确定专业课程的设置时，应当根据不同的职业岗位和工作过程来确定典型职业活动，并以此为线索进行专业课程的设计。通过这种方式，可以将理论知识与实践内容进行整合，使学生能够更好地掌握所学知识，并将其运用到实际工作中。

为了进一步提高学生的实践能力和专业素养，教学安排上可以分为基础平台课程、专业方向课程、订单课程和顶岗实习四个阶段。在前三个学期，可以开设基础平台课程，帮助学生打下坚实的理论基础。在第四和第五个学期，可以开设专业方向课程，帮助学生进一步深化对专业知识的理解和掌握。在第六个学期，可以组建订单班，并开设订单课程，让学生通过实际项目的参与，锻炼解决问题的能力和团队合作精神。最后一年，学生可以参加顶岗实习，将所学知识应用到实际工作环境中，提升实践能力和职业素养。

将课程与实际职业需求结合，能够更好地培养学生的实践能力和专业素养。通过与行业企业的合作，学生能够接触到最新的行业动态和技术发展，更好地适应职场要求。同时，通过实践活动的参与，学生能够培养解决问题的能力、创新思维和团队合作精神，为未来的就业和职业发展打下坚实基础。

②专业课程内容覆盖超越国家职业标准内容

高职院校需要改进课程体系以更好地迎合企业岗位需求。为此，可以从以下三个方面着手。

现代职业教育思想：将就业作为高职教育的主导目标，将实用技能和能力培养置于核心位置。借鉴发达国家的职业教育课程开发理念和方法，并结合国内高职教育的实际情况进行改革。课程设计应以工作过程为导向，教师应积极参与一线实践锻炼，提升实际操作能力，熟悉生产流程，以更好地把握人才需求标准。

政校企行四方联动：高职院校需要建立起政府、学校、企业和行业之间的紧密联系，形成专业课程体系。通过建立产学结合联盟平台，由政府主导的行业指导和企业参与，增加校企共同开发专业课程的比例，并提升企业兼职教师的数量。同时，高职院校也需要提升自身的技术创新和人才培训能力，吸引行业企业更深入参与合作办学和合作育人，以不断提高人才培养质量。

根据职业标准确定课程内容：高职院校可以参考职业标准来确定课程内容。举例来说，可以借鉴北京劳动保障职业学院劳动关系管理专业与国家职业资格"劳动关系协调员"技能要求的接口，将课程内容与实际职业需求相对接。这样可以确保高职教育的专业培养与实际用人需求相衔接，提升毕业生的就业竞争力。

（3）教学过程与生产过程对接

①教师的教学过程与生产过程对接

目前，高等职业教育在培养技能型人才方面临一些挑战。其中，存在着缺乏生产实践环节的问题，过分注重理论知识，而忽视了真实生产过程的培养，导致学生缺乏实践经验。此外，教师的素质也存在不足之处。一般教师懂得理论，但在操作能力和经验方面有所欠缺；而实训教师则善于操作，但在表述理论知识方面不够熟练，从而导致双师型教师供给不足。同时，学校的实验实训设备也存在不足，使得许多教学仍然停留在课堂内，缺乏真实的实践环境。此外，多数专业的毕业实习实际上更类似于就业，而非真正的教学和培训。

为了解决这些问题，我们应采取一系列措施来实现教学过程和生产过程的有效对接。首先，应注重理论教学和实践训练的有机结合，确保学习与实践的紧密衔接。特别是对于操作性强的专业，应提供充足的实际操作训练机会，让学生通过实践来掌握技能。其次，学校需要兼具大学和企业的特点，培养教师既能够教授知识，又具备师傅的素质，从而更好地指导学生的学习和实践。同样重要的是，学生应该在学习中扮演学员和员工的双重角色，以更好地适应职业发展的要求。而教室则应该成为既包含课堂教学又具备车间功能的场所，创造更真实的实践环境。

这种培养模式将更有效地促进技能的培养和掌握，使得高等职业教育能够更好地满足社会对技能型人才的需求。通过加强实践环节、提升教师素质、改善实验实训设备以及明确毕业实习与就业的区别，我们可以建立一个更有利于培养技能型人才的教育体系，为学生的未来就业和职业发展提供更好的支持。

②学生的学习过程与生产过程对接

高职院校应当认识到与行业、企业和区域经济建立紧密联系的重要性，而校企合作是实现这一目标的重要途径之一。在不断变化的就业环境中，高职院校需要与企业建立合作关系，以了解行业的需求和趋势，确保培养出与市场需求相符的具有实践能力的毕业生。

通过政府、学校、企业或校际合作的方式，建设校内实训基地可以同时满足工业化生产和实训教学的双重功能。校内实训基地为学生提供了一个真实的工作环境，在这里他们可以学习并实践真正的工作流程。学生们可以通过实习机会在实训基地中熟悉实际工作环境和生产流程，获得实践操作的机会。这种实践方式使他们能够更好地掌握专业知识和技能，并更好地适应未来的工作挑战。

校内实训基地不仅能为企业提供定制化的培训服务，提升学校的社会服务能力，还可以促进产学合作和技术创新。通过与企业合作，学校能够了解企业的需求，为企业培养专业人才，填补人才缺口。同时，企业也可以通过与学校合作，获得高素质的实习生和员工，提高企业的竞争力和创新能力。

现代教学手段如仿真软件的运用也能够进一步完善校内实训基地与行业对接的效果。特别是对于一些特殊行业或岗位，校内实训基地可能无法提供真实的环境和设备，这时仿真软件可以提供类似的学习体验，弥补实训基地的不足。通过运用仿真软件，学生可以模拟真实的工作场景，进行操作训练和问题解决，提高自身的技能水平和工作适应能力。

校内实训基地的建设和运营不仅对高职院校有积极的影响，对社会和经济发展也具有重要意义。校内实训基地的建设可以促进区域产业的发展，提升企业技术水平，推动经济增长。同时，更多的学生在实训基地中受到良好培训，他们的就业竞争力将得到提高，为社会提供更多优秀的技术人才。

（4）学历证书与职业资格证书对接

学历证书和职业资格证书都是对个人学习和能力的认可。学历证书主要反映了个人在教育机构接受的科学、文化、理论知识的教育程度，是个人学历背景的重要证明和参考。而职业资格证书则主要反映了个人在特定职业领域具备的实际技能和能力，是从事特定职业的必备证明。

这两种证书在某些情况下是相互关联的。有些职业要求具备相关学历证书作为基础条件，才能进行相应的职业资格证书考核。例如，医生需要拥有医学学位才能进行医师资格考试。同时，职业资格证书也可以作为进一步发展和提升的方向，通过获取更高级别的职业资格证书来拓宽职业发展路径。因此，应积极构建双证制度，使学历证书和职业资格证书相对接，这需要整个社会共同努力。在高职院校中，可以将职业资格证书考试的内容融入教学中，使其成为正常的教学环节，逐步取消应付考前培训的临时性做法。为此，可采取以下措施。

教学内容可以融入岗位资质标准，以更好地满足职业需求。例如，北京劳动保障职业学院就通过引入德国 IHK 等 9 门项目课程，并融入汽车机电维修、服务顾问等岗位技术标准，改造了汽车检测与维修专业，培养出了实用型高级技术人才。除此之外，学校可以与相关企业或组织合作，在实践教学基地中让学生接受真实的培训和实践。这种合作可以为学生提供更广阔的学习机会，帮助他们了解行业需求，掌握最新的技能和知识。此外，邀请行业专家开展讲座、指导，结合实际案例和项目进行教学也是有效的方法。这样的教学方式可以培养学生的实践能力和综合素质，使他们更好地适应职业要求和挑战。

（六）专业可持续发展创新保障机制

在进行可持续发展的高职教育专业机制建设时，我们应全面审视高职教育办学模式和人才培养模式。其中，专业建设应成为核心和基础，同时也需要关注围绕专业建设构建的管理和运行机制。

1. 确立专业在高职教育中的核心地位

专业在高职院校与经济和社会联系中的重要性体现在多个方面。首先，专业的规划和建设对于学校的定位至关重要。通过对专业的精准定位，学校能够明确自身的办学目标和定位，从而在竞争激烈的教育市场中找到自己的位置。不同学校可以选择不同的专业来形成自己的特色和品牌，这样可以吸引更多的学生和社会资源，进而为学校的整体发展提供动力。

其次，专业的规划和建设对于学校的有效性起着决定性的作用。学校通过专业的设置来满足社会对各类专业人才的需求，提供符合市场需求的教育培养方案。只有紧密追踪社会发展的脉搏，开设符合市场需求的专业，学校才能培养出高素质的人才，满足社会的需求，提高毕业生的就业竞争力，确保学生的学习效果和就业质量。

此外，专业的规划和建设对学校的可持续发展至关重要。一个学校的发展不能仅仅局限于短期利益，要有长远的眼光和发展思路。通过科学的专业规划和建设，学校能够实现持续稳定的发展，不断提高办学水平和教育质量。学校需要投入充足的人力、物力和财力，培养和引进高水平的师资力量，建立完善的实训实习实验教学条件，使学生能够获得更全面的教育和培养，提高他们的实践能力和创新能力。

2. 建立以专业和专业群为基点的学校管理架构

近年来，高等学校和新兴的高职院校纷纷倡导系改院的潮流，这一改革是受到不同教育思潮的影响。系改院的探索在一定程度上促进了学校的发展，通过改变院系管理结构，学校能够更加灵活地调整和优化专业设置，提高教学质量和研究水平。此举也有助于促进跨学科合作与资源共享，激发教师和学生的创新潜力，提升学校的学术影响力和竞争力。然而，系改院的探索也带来了一些问题，如机构调整不畅、权责不清等管理层面的挑战，以及教师和学生的不适应和困惑。因此，在进行系改院时，学校需要充分考虑这些问题，并制定相应的应对策略，确保改革顺利进行。对于高职院校而言，建立以专业或专业群为基础的基层教学单位，被视为展示高职教育特色的科学做法。这种改革方式有助于满足产业需求和培养适应市场的人才，提升专业在学校运行和管理中的地位和影响力。

3. 建立起高水准的专业带头人培养机制

为了提升专业带头人的地位和作用，学校可以采取一系列措施。首先，重视专业带头人在学校内外的地位，并赋予他们领导角色，使其能够在学校决策中发挥重要作用。其次，提高他们的待遇，包括提高收入和经费支持，并鼓励他们积极参与行业活动，扩大他们的社会影响力。再次，学校应该为专业带头人提供良好的办公环境和先进设备，并提供进修和培训的机会，以提升他们的专业能力。最后，建立竞争机制和加强考核，可以促进专业带头人的成长并形成梯队。这些举措将有助于提升专业带头人的地位和作用，并推动学校的发展。

4. 按专业建设要求进行人、财、物综合投入

在高职院校中，要使有限的投入产生最大的效益，可以采取以下策略。

（1）重点专业重点投入：根据专业的发展前景和社会需求，将更多的资源、资金和人力投入于重点专业，以提升教学质量和专业水平。

（2）一般专业一般投入：对于一般专业，可以适度投入资源，确保其教学质量和发展不被忽视，但不需过度投入。

（3）特色专业特别投入：对具有特色和优势的专业，应加大投入力度，以突出其特点，提升其竞争力和知名度。

（4）淘汰专业停止投入：对于已经失去市场需求或发展潜力较低的专业，可以适时停止投入，以节省资源并调整发展方向。

此外，还需注意以下方面：

配置合适的专业教师和管理人员：建立老中青结合、专兼结合的教学管理团队，以保证教学质量和创新能力。

建设实习实训和实验基地：根据专业发展和运行需要，积极建设校内外的实习实训和实验基地，为学生提供实践机会和实际操作能力。

建立学校运行和管理机制：根据专业教育的进展，建立科学的学校运行和管理机制，以有效监控和调整资源分配，确保资源的合理利用和最大效益。

最后，还需要认真研究专业群范围内的共享和互通，促进不同专业之间的交流合作，以提高教学质量和培养学生的综合素质。

5. 建立专业教学公共资源库

教育行政主管部门应聚焦资源库建设和课程教材建设，这是提供服务时的重点关注点。为了建设资源库，可以整合全国优秀专业教师的力量，与学校和行业开展合作，致力于构建一个广泛覆盖、具有较大影响力的专业教学资源库。同时，还可以建立可持续发展的考核评价机制，以确保重点专业达到基本标准。在课程和教材建设方面，可以采用公开招标的方式，吸引业内外专业教师和兼职教师参与，开发一些高水平、有代表性的专业课程教材和教学辅导书，供高职院校和社会各界使用。

6. 建立专业考核评价制度

针对高职院校的专业建设管理体系，需要采取一系列措施来避免专业重复设置和资源浪费。为此，教育行政部门应规范考核评价制度，并设立专门的准入制度来评估新办学校的专业设置。对于建校时间较长的学校，应建立重点和特色专业评价制度，并定期进行调整，并向社会公布信息。这项工作需要由教育部门与行业和企业专家组织合作，以确保透明度。

首先，当地政府应根据产业分类和主导产业选择，及时调整专业结构，合理布点专业。其次，制定专业设置条例，明确开办专业的条件。政府应严格审查社会办学机构的办学条件。最后，需要成立区域性的专业建设审议委员会，协调管理高职院校的专业建设。该委员会的职责包括统一规划协调本区域内高职院校需要新设的专业，对各校新设专业进行审查评议和检查，指导和协助各校进行传统专业的调整与改造，并对各校的专业建设情况进行评估。这些措施有助于加强区域内高职院校专业建设的宏观调控，合理规划布局，促进各校发展各自的专业优势，充分发挥规模效益，提高教育资源利用率和教学质量。

课程是高等职业院校组织教学的核心和重点，是人才培养的依托和凭借，是联系高校和人才市场的重要纽带，课程质量是保证和提高教育质量的基础和前提。课程能否可持续发展关系到专业建设和人才培养目标能否可持续发展，关系着学校能否培养出适应社会、经济需要的人才。而课程建设是高等职业教育的重要基础工作之一，课程能否可持续发展关系到高等职业教育能否可持续发展。

二、高等职业教育课程可持续发展创新

（一）课程可持续发展的内涵及要求

1. 课程可持续发展的定义

（1）课程定义及分类

中国大百科全书给出的定义是：课程，课业及其进程。古今汉语词典给出的定义：指教学的科目和进程。英语"curriculum"一词，来源于拉丁语，现在用来指学校的课程，即教学的内容和计划。1997年新版《国际教育标准分类》中的定义：教育课程是按照其教学内容确定的，是为了完成预先确定的某项目标或明确规定的一组教学任务而组织的有一定排列顺序的教育活动。课程有广义和狭义两种：广义指所有学科（教学科目）的总和，即课程体系；狭义指一门学科。本书所指课程更多强调其狭义的概念，即教学的一个科目与进程，是某个科目的教学实施的全过程，是为了专业培养目标而确定的教学内容、结构、形式、载体、进程安排等要素的集合体。

目前的课程分类，主要有以下几种。按课程的性质分，包括学科课程、综合

课程和实践活动课程；按课程开发的主体分，包括国家级课程、地方级课程和院校课程；按照学校是否硬性规定必须学习来划分，可分为必修课和选修课；按照与所学专业的联系来划分，可分为公共课和专业课，两者可交叉。其中，公共课又分为公共必修课和公共选修课，专业课又分为专业基础课和专业主干课。专业基础课侧重与专业相关的基础理论和基础知识，专业主干课则注重与专业直接联系的专业理论和专业技能。

（2）课程可持续发展的内涵

高等职业教育课程可持续发展是整个高等职业教育可持续发展的重要组成部分。课程的可持续发展就是以学生为中心，根据社会、政治、经济、文化等发展的需要，根据社会对人才的需求，制定与时俱进的学生培养目标，解决好高等职业教育课程自身发展与经济社会发展的协调关系，构建可持续发展的课程运行机制，使高等职业教育的课程始终保持蓬勃的生机与活力，能够培养具有可持续发展能力的高等职业技术人才，从而推动整个高职教育的可持续发展。

课程可持续发展分为两个方面：一方面是课程体系的可持续发展，即根据社会、经济发展的需要，根据人才需求、职业要求等现实条件，构建一个科学合理的能随时完善、调整、提高的知识架构；另一方面，则是每一门具体课程的可持续发展，涉及课程理念、课程内容、师资配备、教学条件和教学方法的运用。课程可持续发展能够反映学校培养人才的独有特色，能够反映人才市场的需求，反映经济、社会的时代要求。

2. 课程可持续发展的要求

（1）课程目标要求具有发展的理念

可持续发展教育的课程目标主要包括三个方面：课程所关注培养学生的态度、情感与价值观，学生从课程中所能获得的技能与能力，课程所传授的知识。其中，态度和价值观的目标主要包含学生通过课程学习能否树立生态保护、对未来负责、真正高质量的生活、公平等方面的观念；技能与能力主要是培养学生交流与合作能力（如表述能力、人际沟通能力等）、学习与研究能力、信息处理能力、解决问题能力等。高等职业教育者要根据这些课程目标为课程可持续发展设计有利于课程实施的探究式教学活动，每个课程整体、单元、项目、内容都要作精心巧妙的策划，与课程目标紧密相连。

人类进入21世纪，每个社会劳动者不但要熟练地掌握已学到的技术，运用自己具备的知识和技能从事适合自己的工作，更重要的是要具有适应社会变化、职业变迁影响的能力，具有再就业或终身学习的基本素质。因此，高职教育课程目标发展的理念就是指其教育目标已不再是单纯的职前、岗前培训式教育，不再是仅仅满足学生就业的需要，其性质已演变为整个终身教育的一个环节。高等职业教育的课程在强调满足学生就业需要，与生产和工作实际结合，培养学生技能的同时，必须培养学生自主学习和不断更新自己知识的能力。

（2）课程体系及课程内容坚持市场导向

判断高等职业教育是否成功的重要依据之一就是看高等职业院校所培养的学生是否能够被用人单位所接受，乐于接受。高职院校毕业生能否适应现今人才市场的需求与变化，是评价高职教育社会经济效益的主要指标，也是判断高职教育能否持续发展的基本依据。建构高职院校的课程体系以及相应设置高职院校的课程内容，从而推动高职教育健康发展，需要及时掌握高职教育与经济发展以及人才市场需求变化之间的关系。高职教育是高等教育体系中与劳动力就业市场联系最为直接的部分之一，高职的课程必须在一定程度上反映就业市场对学生所具备的技能需求内容。

课程体系及课程内容具有市场指向，就是按照人力资源市场对人才的技能需求，建设高职院校的课程体系及设计相关的课程内容。课程的教学内容，不仅仅限于理论的表述，课程体系、课程内容要坚持市场导向，应源自并超越企业实际工作经验，将其提炼为教育过程。通过筛选和分类、分析企业中具体的岗位及其对应的具体工作任务，我们可以确定本专业对口的典型岗位，并进一步分析这些岗位的工作任务，总结出学生需要具备的技术和操作能力。基于此，梳理所需知识点、技能点和素质点，进而明确专业的核心课程及内容。

（3）课程内容要紧跟社会经济发展实际，与时俱进

目前，社会经济发展正在日益深化，产业分工日益精细化且不断调整。这意味着，对于劳动者来说，必须拥有更为全面的职业能力才能适应社会要求。劳动者应该具备不仅仅是高水平的专业技能，还要具备终身学习的能力，成为具备知识性劳动能力的人才。据此，美国劳工部《关于2000年的报告》中指出，未来的劳动者应具备五种关键能力：①处理资源的能力；②处理人际关系的能力；③

处理信息的能力；④系统看待事物的能力；⑤运用技术的能力。

因此，高职在选择和组织课程内容时，必须关注四个关键方面，以满足可持续发展的职业能力观的要求。首先，必须能够传达给学生社会所需要的价值观和态度。其次，能够将学生培养成知识型劳动者，并使之能够适应现代科技发展的趋势。再次，一方面要关注学生专门职业技能的培养，满足其就业需要，另一方面要传授其综合的职业知识和技能。最后，要能够激发学生的自主创业热情，以及培养他们良好的职业素养。

高职的课程设置需要以市场需求为导向，以满足企事业单位现实需求为目标。它的课程内容应该包含各种职业和岗位，并应特别强调与当地经济发展的特点和就业需求协调一致。我们需要培养的不仅是具备合格的专门职业技能的人才，还应该是有专长的紧缺型和技能型人才，从而适应社会经济发展对不同类型和不同层次人才的需求。同时，需要提供不同的课程和发展方向，以满足各个职业发展阶段的社会群体的需求和选择。另外，高职教育要灵活化，在教学内容和选择和设计上，要根据各个职业群体的发展需求进行，为学生提供实用的职业发展工具，针对不同学生的学习能力和现实条件，帮助他们实现持续的职业发展。

（4）课程的教学方式方法要求具有多样性

21世纪是科学技术高度发达的时代。随着信息技术的发展，人类的思维方式、行为方式发生了巨大变化，人们获取知识的手段更是丰富多彩。传统的一名老师、一门课程、一本教材、三尺讲台、几支粉笔，教师从头讲授到尾的教学方式，已不能满足学生知识获取方式上的需求，更谈不上与社会、政治、经济、文化发展水平相协调。高等职业教育课程可持续发展重要的一点就是强调学校的课程教学方式要符合时代的要求，必须采取学生能接受的、实效性强的灵活多样的教学方式。

首先，是课程内容设计新颖。可持续发展教育的课程设计，强调的是课程设计的科学性与表现形式的艺术性相互交融，在课程结构排列、整体设计、单元设计、情境设计、项目安排等上做到别出心裁、引人入胜、扣人心弦。

其次，是课程内容要具有可操作性。可持续发展下的课程内容涉及的知识和学科领域非常广泛，但这种课程绝不是象牙塔里束之高阁的知识供品，而是贴近企业工作实际，在理论指导下能引导学生进入岗位角色的工作操作书。简单地说，可持续发展下的高职课程，就是能让学习者在真实的情境下和学习活动的实践中理解知识和技能的真实存在状态，并把学到的知识和形成的技能灵活地运用到新的具体情况中，能够不断地解决面对的问题。

最后，是课程教学的多样性。关于高等职业教育课程的教学方法，近年来高职教育工作者对此多有论述，各高职院校根据自己的实际也进行了卓有成效的课程教学方式方法改革，所有这些改革都对高职的课程可持续发展进行了有益的探索。我们不好下结论哪种方式就是高职课程可持续发展的终极最佳途径，只能对各种方法取长补短，灵活运用以期相得益彰。下面简单介绍五种国内有关专家学者介绍的典型方法。

课程项目化。这种方法将职业能力培养和当地产业发展的需要作为出发点，按照项目的形式来设计课程教学内容，以训练和发展学生的具体技能，不管是教学过程还是考核方式都是按照项目组织原则来设计，以达到培养学生专业能力的目的。这种课程设计方法侧重于满足职业岗位的需求，将现实工作内容和过程作为课程核心，将课程的主要内容设计为典型的职业任务或项目。同时，该方法紧密结合国家相关职业标准的要求，多个项目组成一个课程模块，从而形成一个与职业岗位业务密切相关的完整课程体系。

课程一体化。近年来许多高职院校都提出并践行理实一体化课程模式。课程教学一体化简单理解就是将学习的理论课程与实际工作相结合。随着时间的推移，现在一体化课程不是初级阶段所提及的、简单的理实一体化，而是指职业人才教育和培养上的"大"一体化课程概念。课程一体化涵盖三层意思：能工作、体系化、有动力。课程的目标首先使学生通过学习能够胜任工作，其次一体化的课程绝不是一两门专业课程，而是通过科学设计能满足学生能力素质需求的课程体系，直观地表述如下：就业＝综合职业能力；综合职业能力＝一体化课程；一体化课程＝科目1（学习领域1）、科目2（学习领域2）、科目3（学习领域3）……"有动力"是指一体化课程在学习上的动力特征。一体化课程的学习动力来自教学策略上的科学设计，"任务引领"和"行动导向"作为一体化课程总的教学方针，使学习变成一个主观能动的实现自我价值的过程。

课程模块化。此种方式建立在学习CBE能力本位课程之上。其分析并分别组合各类职业所需的技能和知识点，创设课程的理论和实践模块。其采用"做加法"的思维方式，将总体知识分解到不同的模块之中进行教学，使学生形成模块化的知识记忆，使学生能够快速应用所学来应对实际问题。

工作过程系统化。这种课程设计方法整合了上述三种方法的优势，旨在帮助学生基于职业性实践经验的不断积累，将经验总结、提炼、升华为策略能力。不仅注重社会需求，还关注人的个性化需求，将就业导向作为重要目标的同时，也重视学生的可持续发展，始终不脱离教育的本质属性。这种课程设计可以视为一个包含纵、横两个方面的二维矩阵。纵向表示学习领域，也就是课程。每个课程的完成都需要完成横向的 M 个学习情境，也就是学习单元。在这里，课程门数的经验数据大致在 10 至 20 门之间，表示为 N。一门课程就是整体的工作过程，其所包含的多个学习单元之间相互独立，也是整体化的工作过程，这些学习单元存在着多种关系，如平行、包含、递进，可以呈现为多种形式，如项目、案例、模块、现象、产品等，并呈现出极强的开放性。以这种方法来开发课程，构架完整的课程体系，以及构建课程标准，是要经过一个不断变化发展的过程的，教师应当持续不断地在教学实践中创新和探索，以确保教学改革的推进，并以此切实发展学生职业技能，并且使教学模式朝着"教、学、做"一体的方向发展。

课程资源信息化。这指的是集成、整合如 PPT 课件、课程视频、教材电子书等形成体系化的网络课程资源，以便于学生借助网络开展自主学习，这也是信息时代一种主要的学习方式。在课程可持续发展的背景下，网络课程资源并不是传统教材的数字化版本，也不是简单地将教材和黑板上的板书上传到网络上，而是基于这些教学材料，结合现代教育理念，精心设计教学内容、结构、教学方法和过程，遵循源共享的原则，所建设的教学（学习）资源。课程资源信息化的特点和功能有力地突出了学生在教学过程中的主体地位，并且体现了教学方法的现代化，具有严格的技术规范、可兼容、互动性强、无冲突和可无限共享等特征。

（5）课程评价聚焦于课程的实效性和关注学生可持续发展的能力

随着高等教育的大众化发展，传统的以教师为主的课程教学模式已逐渐落后。传统教学模式的流程通常是引入本节课内容、讲解、提问、讨论、消化、布置作业，这与现代高职教育的发展需求不符。其原因在于，传统教学模式的价值取向为传授专业系统知识和逻辑，将教学的重心放在教师对知识的讲解上，基于教材和知识选择教学内容，按照教师教案来推进教学过程，因而存在理论和实践之间的脱节。传统教学模式下，往往会出现教师做足准备并且顺利地走完了教学流程，然而课堂效果并不理想的结果。此模式以老师为教学过程的主体，没有关注学生能力和素质的发展，有教学流程而无教学设计。采取满堂灌的方法，忽视了学生的实际情况，更没有考虑学生真正的需求，导致学生在抽象的知识海洋里失去学习兴趣、没有参与意识，更觉得所学知识没有用处，学生缺乏学习动力。

基于传统课程教学模式的课程评价的常规标准过多围绕教师的能力进行。评价的关注点在于教师的教学方法是否恰当，黑板书的编排是否恰当，语言表达是否清晰、流畅，教学逻辑是否严密，是否精通专业知识，有没有突出重点知识，有没有清晰讲解难点知识，教学进度是快是慢，教材合不合适，教学文件规不规范，课件和教具的使用是否得当，有没有合理安排教学时间等。这种评价有一个假设，那就是有了好老师，学生就一定能掌握教师所传授的内容，并能学有所用，从而严重偏离以学生为中心的高职教育原则，必须予以改进。

高等职业教育的课程评价标准应当关注学生主体，将职业发展作为重要的价值取向，将素质作为基础，将能力作为核心。以下是高职教育课程评价的七个方面。第一，明确学生能力目标。这需要清楚地确定这门课程要培养和发展学生的何种能力，此目标不仅要明确，还要细化、具体化，能够量化考察。第二，确定清晰的课程项目、任务、课题、习题，认真制定实训任务。第三，增强实践和实训内容，紧紧围绕学生的能力训练避免抽象，贴近实际等。第四，运用各种方式鼓励学生参与，提高学生的感受能力和操作能力。第五，学会使用行为引导法。从直观实例开始，这样才能符合认知规律。第六，确定训练任务，准备大量的训练题目，进行反复训练。以学生为主体，使学生愿意参与，能够获得成就感；以专业为导向，对不同的专业安排不同的实例和训练内容。第七，注重知识一体化，实践、知识和训练有机结合。熟悉初学者的认知规律，不要求一步到位。对于知识的掌握要遵循从模糊到清晰，从具体到抽象的规律。

可持续发展教育课程的评价指标突出知识与理解，能力与技能，以及情感、态度与价值观三个维度。在评价的方式上提倡灵活多样，既可以是以过程为主帮助学员认识自己的长处和弱势并促进其学习的形成性评价，也可以是以结果为据判断学员学习效果和发展情况的终结性评价。因此，可持续发展教育的课程评价不仅关注学员在知识和技能上的实际收获，而且更加关注他们对可持续发展的理解、个人潜力的发挥，以及价值观的形成，并进一步生成新的理想、信念、设想和行动。

(6) 课程可持续发展必须与社会可持续发展相适应

多年来，课程内容的滞后一直是高职教育面临的突出问题。这个问题是导致社会对高职教育产生某种认知偏差，高等职业教育活力欠缺的重要原因。高职教育的生命力在于其应用性和对于可操作性人才的培养。应用和可操作强调面对时时变化的经济社会环境，高职教育应当与时俱进，结合社会发展的具体需要，及时调整专业设置和课程内容，以使培养出的人才规模和结构等能够与市场相衔接，并保证教学内容不断更新，跟上时代发展。为了有效应对"教育产品"的"技能折旧"导致的"教育性失业"，高职教育必须以动态的眼光看待和对待课程，对其适时调整，以适应当下的需求和趋势，从而确保其教育产品能够与市场的具体职业群和岗位群对口。因此，高职专业课程的设置应当适应和匹配社会经济发展下，市场中现有的职业具体岗位及其要求，以及跟上职业岗位及其要求的变动和发展趋势。高职应该根据就业市场的人才需求结构、数量和规格，来设计课程结构、人才培养的规模和规格等。为了使课程内容契合社会经济发展需求的变化，应当创设科学合理有效的课程开发需求预测机制。

在21世纪，经济快速发展、知识快速更新，职业环境复杂并且变化快，高职教育应致力于培养复合型、高技能实用人才，以促进学生的综合发展和可持续发展。所以，在选择和组织课程内容时，应立足于人才培养的能力结构和学生终身可持续发展的要求，从而保证学生具备专门的职业技能，并且具备在同一或不同职业群之间流动或晋升的综合能力。

(二) 课程可持续发展的必然性、可行性研究

1. 课程可持续发展的必然性

(1) 高等职业教育的课程必然要与职业环境相适应

职业环境是由职业行为、职业知识、职业类别和就业形式等要素彼此综合组成的整体。这些要素不断变化，造就了职业环境的不断演变，如职业行为定位的更新、职业知识和种类的更新，以及就业形式的变化等等。随着科技的飞速发展，

企业所处的经济环境也变化莫测，这不可避免地引起了企业经营模式和员工工作模式的深刻而全面的变革。为了满足企事业单位的用人要求，进入岗位并且能够承担工作，劳动者需要接受系统化的严格专业训练，掌握专门的职业技能，并开发和发展创新思维。英国技术预测专家詹姆斯·马丁曾经指出，"人类的知识在19世纪是每50年增加一倍，20世纪初是每10年增加一倍，70年代是每5年增加一倍，而80年代是每3年增加一倍。20世纪90年代，计算机网络的出现使得知识增长速度进一步加快"①。随着知识和信息技术的不断更新，势必会造成职业技能和知识需求的变化，也会造成职业种类和岗位工作任务的变化。这表示劳动者的学习方式也要随之转变，像过去那样一次性地学习某些知识或技能然后终身受用已经不再可能。

高等职业教育是培养应用型、技能型人才的一种教育类型，并且紧密联系社会经济发展，尤其是职业环境发展。如今经济全球化持续推进，科技发展日新月异，不断引发着职业领域的变化和革新。为适应职业环境不断变迁的需求，为能够培养具有创新意识并具有可持续发展能力的学生，高等职业教育的课程必须与时俱进，满足职业环境变迁的需要，这也是课程可持续发展的必然。

（2）满足人力资源市场需求，学生就业实际的需要

受人们选择职业价值观的影响及工作就业环境的影响，在现代社会中，社会成员转换职业的频率加快。美国人口普查的数字表明，在20世纪80年代5年内有33%的社会成员改变职业，而不是简单地调换工作岗位。美国劳工部一项研究预测，现在20岁的青年人在今后一生的工作时间内，职业的变换和工作的变换将会达到6—7次之多。在我国这种职业流动也成为正常现象。这些情况表明，一个人一辈子固定在一种职业或一个工作岗位上的时代即将消失。社会成员真正成为人力资源市场上的一员，是名副其实的社会人，人才流动已成为一种熟悉的社会现象②。

由于职业跨界与流动越来越频繁，工作角色不断变化，当下的就业形式也随之变化，越来越多的大学毕业生选择了非正规就业，如自主创业。高等职业教育直接面向就业，旨在培养技能型人才，以满足企业的需求为主要目标；企业为了

---

① 顾富民. 信息化环境下学生学习素养研究[M]. 成都：电子科技大学出版社，2018：28.
② 吕鑫祥，王式正. 构建与我国社会发展相适应的职教体系是当务之急[J]. 职教论坛，2004(1)：5-9.

满足自身业务的需求，急需大量优秀的高技能实用人才。高职教育需满足企业经营和发展的需求，着力培养岗位需要并且能够直接进入岗位的高技能劳动者。学生通过学习高职的课程，既能够获得该课程所教授的某一职业领域有效需求的具体职业技能，又能从终身职业生涯发展的角度出发，获得可持续发展的终身职业能力，以适应不断变迁的就业需要，这是高等职业教育课程可持续发展的现实需求。

（3）面对职业行为的变化的需要

近些年来，随着我国高等教育从精英化过渡到大众化教育，人们对高等职业教育产生很多认识误差，认为职业教育是较低层次的教育，而没有把职业教育当作一个类型。认为职业教育主要是培养体力劳动者，各行各业的蓝领工人，培养无需多少智能性的职业行为的教育。因此，培养具有一技之长的熟练技术工人成为高职课程的主要目标，培养单一性、高熟练性的岗位技能是许多高职院校课程建设的重点。现如今，职业环境正在发生重大改变，职业劳动者需具有创新思维和创新的职业素养，以及创业品质和精神，以适应当下职业行为的新定位。所以，如今体力劳动和脑力劳动之间形成了一定的交融，主要劳动力市场和次要劳动力市场之间出现了一定的交织。高职院校课程建设的核心和关键在于发展学生核心素养，尤其是创新能力。高职课程建设的培养目标应当着重放在创新型、开拓型职业特质上，所要培养的是知识型与技能型、应用型多面结合的复合型人才，才能够满足职业行为新定位的要求。

（4）解决高等职业教育问题的现实所需

高等职业教育作为高等教育的一种类型，经过近40年的发展，规模上已占据半壁江山，为高等教育的大众化作出了卓越的贡献，促进了经济社会的发展。然而，由于高职院校设立的主体、背景、时间不同，各高职院校师资管理水平的差异，不同层次管理者对高职教育的理解程度差异，以及地区经济、文化等差异，高职院校在实际发展过程中出现了诸多困惑和难点。比如各高职院校教学内容、课程体系、教学方法改革年年提，月月讲，但很多院校难以从根本上得到突破，更谈不上获得颠覆性、实质性的效果。大部分高校的人才培养模式没有革新，依旧以学科知识体系加实践为主，在教学上仍旧是根据教材选择和组织教学，将课堂教学作为中心，采取满堂灌的知识讲授方式。这种培养和教学模式下的学生缺乏明确的学习目标和学习动力，只是为了通过考试获得高分学习，而不是为了发展能力、实践应用和创新而学习。这种情况与社会对高职的要求不符，与高职整体的发展形势不协调。面对这些问题，高等职业院校只有改革，根据市场和社会需要，不断更新教学内容，改进教学方法，不断进行高职院校课程及课程体系的改革，与时俱进地保持课程建设的可持续发展。

2. 课程可持续发展的可行性

（1）教育与社会经济发展是高职课程可持续发展的前提

21世纪，经济全球化已成为不争的事实，同时由于科技进步日新月异，国际产业分工与合作不断深化，我国的经济结构的调整也在不断加快。由于知识更替速度加快，信息技术的飞跃发展，产业结构的不断调整迫切要求企业员工具备从业的国际化素质。目前，我国人力资源能力建设要求不断提高，正在加快从人口大国到人力资源大国的步伐。在这一过程中，高技能人才的严重短缺在一定程度上已成为我国经济社会持续发展和进一步产业升级的制约因素。

高职教育是面向社会经济、面向行业就业、面向岗前培训、重塑持久学习力的教育，这一教育类型必须与社会经济的发展相适应。当社会经济的发展阶段迫切需要大量的各行各业的能工巧匠型的人才时，高职教育才有可持续发展的社会条件，因此，高等职业教育的课程必须适应整个教育的发展。

（2）高等职业教育的发展是高职院校课程可持续发展的基础

近年来，高职学生招生占全国普通高校本专科招生人数的比例逐年提高，普通高等职业教育招生人数和在校生人数分别超过普通本科院校数、招生数和在校生数。我国高等职业教育办学规模不断扩大，初具特色的人才培养模式正在形成，形成了普通高等教育与高等职业教育协调发展的局面。[①]

在高等职业教育规模不断扩大的同时，当前高等职业教育正处于由规模发展向提高质量加强创新的内涵建设阶段。许多高职院校以示范校、骨干校建设为契机，通过国家级、省市级等精品课程建设、课程项目化、模块化等手段，掀起课程改革的浪潮，从而构建与社会需求有效接轨的符合学生实际需要的可持续发展的课程体系和课程内容。教育部于2000年开始实施《新世纪高等职业教育专业

---

① 张辉，苑桂鑫. 高等职业教育的可持续发展研究[J]. 北京城市学院学报，2008（5）：28-31+40.

教学内容与课程体系改革计划》，在全国范围内选出了 415 个专业作为试点，进行教学改革，这一行动促进了全国 1000 多个专业的改革；在全国范围内建设约 1000 个国家级精品专业，500 本高质量教材和 75 门优质课程，实现了对主要专业类型的覆盖，并且领导开展了职业资格证书直通车试点项目，目前已有 76 所高职院校加入，实现了对高职院校学生就业的推动。这些举措使高职院校教师的专业水平和教学质量得到有效提高。现在，教育部高教司正在高职院校的课程建设和师资建设方面进行一系列改革，以引导性措施，促使评审基本要求中增添校企合作、工学结合等关键要素，以政策导向推进行业企业与高职教育的深入合作，进一步强化高职教育特色、提高教学质量。正是高等职业教育的快速发展才为其子系统之一的课程可持续发展奠定了基础。

（三）课程可持续发展的现状分析

1. 课程建设与经济、社会发展不适用、不协调

（1）课程建设存在不平衡的现象

这种不平衡首先是课程建设水平地域上的差别。经济基础决定上层建筑，教育作为上层建筑的一个组成部分，不可避免会受到经济发展状况的影响，同时它还受到社会因素的制约。改革开放以来，国家实施了由沿海到内地逐步开放、先富带后富的发展战略，优先在东部地区实施了改革开放，制定、执行了一系列投资、税收、信贷、进出口等许多方面的优惠政策。然而，这也导致了西部地区资金、人才、技术等资源向东部倾斜，从而造成了东西部经济发展水平的巨大差异。

我国是一个由 56 个民族组成的国家，尽管有着共同的文化基础，但也包含着多样化的地域文化，因为各地的自然条件、经济水平、政治状况等差异很大，人们在生活方式、思想观念和风俗习惯等方面也有所不同。这些因素加起来，形成了丰富多彩的地域文化。不同地域文化在相互交流、融合的过程中，会对教育产生影响。我国各地区职业教育资源的分布不平衡，就是经济文化差异导致的。

即便是同一个地区或者同一所高职院校课程建设的水平也参差不齐，这种不平衡出现的原因也更为复杂，涉及地区政策、建设投入、领导者理念、教师水平、学生素质等方方面面的环节。

由于课程教育资源的不均衡，导致不同地区、同一地区的不同院校、同一院校的不同课程、同一课程的不同参与者对课程可持续发展的理解、课程内容、课程设计、课程方式方法出现极大的不平衡。

（2）课程建设的投入不足且渠道单一

职业教育无论是校内外实训基地建设还是教师的培养，投入都很大，这要求有相应的资源投入作为保证。高职院校作为培养高技能型、应用型人才的基地，对教学仪器设备、实验实训场地和设备、师资培训培养等有相当高的要求，相比其他教育类型，人均教育费用一般要高出普通教育很多。这就要求有更大的经费投入强度，并且能长期保障。总体来讲，近些年国家对职业教育投入了大量经费，但从日益迫切的人才需求来讲，投入还显不足。高职院校的收入渠道狭窄，学费收入是其办学经费的主要来源。政府对公办高职重点是保障教师人头经费，高职院校还缺乏企业和其他社会力量的投入方式。在资金有限的情形下，高职院校的决策者往往重视硬件的投入，而忽视或者无暇顾及软件的建设，这一点在高等职业教育课程建设的投入上表现尤为突出。

（3）课程内容与培养技能人才类型的需求不协调

近年来，关于沿海许多城市发生"用工荒"的报道屡见不鲜。就现实情况而言，一方面高职院校工作者为学生的就业绞尽脑汁，花费大量时间、人力、物力却达不到学生充分就业的局面；另一方面企业却因找不到合适的人才，缺乏有效的生产力量影响企业效益。目前，我国面临着高技能人才不充足和人才结构不合理等问题，经济社会发展需求难以得到满足。特别是在传统产业如制造、加工、建筑、能源以及高新技术产业如电子计算机、航空航天等领域，难以短时间内彻底解决"技工荒"的问题。

这种人才供求的矛盾，并不是对等的一缺一顶的矛盾。学校的大批毕业生为寻一份满意的工作，企业为找到自己所需的合适人才而各自努力，但两者却不能马上建立直通车渠道。我国职业教育专业的设置，尤其是课程的内容，学生从课程中学到的技能与社会的产业结构、产品结构、地区结构等还存在不相适应的地方，职业教育课程培养的人才与行业企业部门的要求还存在差距。

（4）社会大众接受职业教育的意愿不强，生源质量下降

职业教育是一种类型，而非教育层次，这是许多职业教育者的共识。但是，

由于职业教育在我国起步较晚，且大多数高职院校是由原来中专或成人院校转制而来，人们对高等职业院校持有偏见。另外，由于国家对职业教育的层次定位不明晰，再加上社会、企业人才使用上的盲目追求高学历，高职学生毕业后从事的主要是具有较低技术含量的职业，相比培养社会精英的高等教育，职业教育提供给受教育者个人社会地位提升的空间有限。正是因为这些因素，导致人们认为职业教育是一种较低层次的教育。目前，我国高职院校还没有到本科乃至研究生这个层次，所以学生不愿意选择职业院校就读，把接受职业教育看作不能接受高一层次教育的不得已选择。

由于社会上对职业教育存在偏见，导致社会对高职院校认可度不高。从近几年的高考招生情况看，无论是学生家长还是学生，去热点城市、上名校几乎成为潮流，而上高职院校则成了许多学生无奈的选择。这就导致了高职院校的生源质量不是很高甚至有下降的趋势，缺乏优秀的生源。

2.课程建设本身存在有碍可持续发展的问题

（1）课程体系不合理、结构不完整，课程内容陈旧，缺乏实用性

目前，我国许多高职院校还是以专业为纲，在每个专业培养方案下设置相关课程。同时，由于专业的限制导致各学科、各专业课程之间缺乏联系性，造成高职院校之间的重复建设，人力、物力、资金等方面极大地闲置浪费。每所高职院校学科门类繁琐过多，内容交叉，课程设置缺乏宏观、统筹及整体优化，从而使课程结构失去了合理性。以专业设置课程客观上限制了学生综合素质发展的要求，压抑了学生知识创新、更新、革新的愿望，不合乎现代科技知识之间联系、渗透、结合的特点，因而难以培养出具有广泛适应性的复合型实用人才。

此外，我国高职院校课程建设中还有一个不容忽视的问题是教学内容的陈旧与过时。在课程设置方面，许多高职院校仍然采用计划经济时代的教学模式，以学科为主要形式构建课程体系。其中不少课程更偏向于理论层面，停留在知识传授的层面，实用性不足。而且所教授的知识和技能跟不上社会实际需求，无法真正应用到实践中。因此，课程涵盖的知识与学生今后的职业及就业之间的关联度不高，导致学生在实际工作中很难应用。

（2）课程教学方法以教师为主，学生缺乏主动性

受传统教育课程讲授观念的影响，许多高职院校的课程组织及课程评价甚至

整个教学过程仍旧采取教师中心教学模式。因而在教学中，教师被视为知识的权威，他们拥有知识并且是知识的主要传播者，以"传道授业解惑"为己任，教师不断输出知识，学生只能被动地接受知识。时代不断发展，如今人们已经逐渐认同"以人为本"的价值观，这使得教师中心教学模式带来的负面效应越来越明显。教学过程中过分突出教师的地位，由教师主导，很容易导致教师独断专行、满堂灌的情况，容易使学生自身的潜力被忽视，难以激发和发挥，学习积极性受到抑制，从而影响教学效果。教师采用的灌输式知识讲授方式难以激发学生参与教学过程的热情和积极性，也未能针对学生的需求和特点进行个性化的教学；课程内容的呈现方式不够丰富和多样，未能满足学生个性化需求；教学没有充分尊重学生的主体地位，未能使课程更好地适应学生的需求，而是要求学生去适应课程；课程呈现方式缺乏活力，无法使学生感兴趣。

（3）教师队伍对课程可持续发展理念认识不足

作为课堂教学的组织者、参与者和引导者，教师需要充分了解和认识可持续发展教育的内涵，并将其融入实际的教学活动中。在可持续发展教育的指导下，深刻地理解教材。高素质的人才培养需要高素质的教师队伍，而我国高职院校的师资队伍，还远远不能适应知识经济和信息化社会对高等职业教育的要求。

从目前来看，高职院校需要更多的教师才能满足教学需求。国家重视高职教育发展，在政策引导下高职院校在不断扩招，学生快速增加，而教师的增加速度却没有跟上，因此，师生比例变得极不合理。教师的工作负担过重，导致教学质量严重受损。此外，教师队伍的构成不合理，存在着一系列显著问题，包括学历结构、职称结构、年龄结构、双师素质结构及专业知识结构等方面。例如，年轻教师占比过重；没有针对兼职教师构建规范、严格的管理方法；多数教师的操作技能、创造性思维和创新能力不足，需要提高整体素质等。

概括而言，当前我国高等职业教育师资队伍建设存在以下三个主要问题。一是专业化程度不高。我国高职教育的专业师资主要来自普通高校，这种半路出家式的非职业组建模式决定了职业教师队伍的非专业化和非职业化，因此，职业教育师资整体素质无法很好地适应高等职业教育的基本要求。二是整体学历职称不高。三是双师型教师严重不足，双师型教师数量与国家要求规定的比例还有较大差距，且各院校之间很不平衡。目前，缺少一支能适应以就业为导向、强化技能性和实践性教学要求的双师型教师队伍，这已经成为高职教育改革和发展中的突出问题。

（4）学生存在个性差异，生源质量下降，课程可持续发展落实困难

可持续发展教育面向的是每一位学生，由于学生之间存在个性和差异，因此，可持续发展教育课程的落实必然面临较大的困难。为了推动和实现教育公平与平等，必须要正视和关注学生的个性差异。目前，我国正在经历新一轮的基础教育改革，将以学生为中心教育理念作为指导思想，承认学生是独立的个体，有着各自的独特个性和差异，并且要将这种个体差异当成珍贵的课程建设和落实的珍贵资源。而我们的课程更多的是依照几年不变的教学大纲、专业培养计划而设，课程组织方式以教师为主导，课程内容更多是关注学生的群体，没有注重学生的个体差异，因材施教得不到体现，以学生为主导得不到真正实施。

在近几年的高校招生中，由于人口结构的影响，高职院校面临生源危机，为了达成招生计划，往往会采取降低录取分数线的方式以招收更多的新生。并且现阶段高职院校数量急剧增加，这种降分招生的现象变得更加普遍。一些专业每年都会降低招生分数线，甚至会临时改变招生计划，多次召集未被录取的考生补报志愿方能达成招生计划。这种情况最初出现在民办高职院校，后来蔓延到公立院校以及整个高职教育领域。伴随现在高等教育规模不断扩大，很多地方高校和高职院校普遍面临了一个棘手问题，即新生报到率下降。而在所有录取批次中，高职院校的报到率最低。在20世纪90年代初，职业学校招收的学生通常是成绩良好的初中毕业的学生，但如今却是普通教育升学失败的分流生，这些学生在学习上呈现出"三差"的特征，也就是学习基础差、学习习惯差和行为规范差。缺乏学习基础，缺少学习动力。在家长要求和初中学习成绩限制下，约一半的学生表示他们选择目前就读的学校不是完全基于个人意愿，一些学生甚至是无奈之下的选择，这对学生的学习动机有着很大的影响。

学生是课程的直接接受者、互动者，学生的素质、学习积极性直接关系到课程可持续发展能否落实。生源短缺，导致高职院校重点考虑生存问题，无暇顾及教学质量，尤其是课程建设质量；高职院校为了生存，不得不降分录取，降分录取导致高职院校缺乏群体性的优秀生源，没有一定素质的学生，学生没有或者缺乏学习积极性，甚至在不同程度上有厌学的情绪，不用说学习复杂的内容，就是

学习最简单的内容，如果不能感受到乐趣，也都不乐意学习，良好的学风就是空话；没有良好的学风，教师就缺乏对课程建设的积极性，认为再好的课程也是无的放矢，课程建设、课程改革可持续发展就无从谈起。

（5）教学手段单一，教学效果差

传统的一名老师、一门课程、一本教材、一个三尺讲台、几支粉笔、从头讲到尾的满堂灌模式，虽已不能满足学生获取知识的方式需求，但这种方式仍在各高职院校存在。教师在教学中还没有做到启发式、发现式、讲授式等多种教学方式有机结合，还没有充分发挥学生学习的主体性与自主性。在许多教师的教学中，现代化教学手段仅仅是一种辅助手段，现代化教学手段在教学中的运用比例还很低，还没有充分利用多媒体、远程通信、网络平台等现代技术。目前，在教育主管部门的积极引导下，各高职院校精品课程、优质课程建设取得了很大成绩，但数量及比例还远未满足需要。实验室、模拟实训室、校外实训基地在课程教学中传递知识、培养能力的独特作用还没有充分发挥。

（四）课程可持续发展的途径

1. 高职教育者要树立课程可持续发展的理念

（1）建立以市场为导向的高等职业教育课程可持续发展的新理念

高职课程需要积极满足市场经济的需求，在课程改革上要形成市场导向的新理念，革除以往在课程设置上将学科作为导向，将专业作为主线的旧理念。从经济发展和国家、地区人才市场的需求出发，从企业岗位的现实出发调整和开发课程。为了有效地满足社会和经济对职业技术人才素质、数量和能力等方面的要求，高职院校必须紧紧结合地方经济状况发展的状况和趋势，以及密切关注人才市场与职业市场的变化，来设置课程的门类以及明确各专业招生计划，把握课程建设大方向。尽管表面上看，高职院校是向企事业单位输送学生，然而实际上，企事业单位员工（即学生）的能力和素质是否优异，主要由他们所接受的高职教育（即所学知识）所决定。而学生在高职院校是通过课程获得知识，基于此层面，可以理解为高职教育为企业提供的"产品"看似是毕业生，实际上是课程。高职院校的教育产品要想"畅销"，就要满足市场需求，确定市场定位。在寻找市场定位的过程中，需立足于各行业、社会经济发展对技术人才的需求，对就业市场当前的状况和未来的趋势作出调查分析，进而明确专业的岗位群和主要工作范围。要将调查的重点放在两个方面：就业市场中需求旺盛的职业，以及其对各种职业从业者的需求数量，进而得到和预测就业市场的近期需求和远期需求，这是课程开发和调整的主要依据。职业教育的课程结构要足够灵活，结合就业市场的需求调整和更新教学内容，培养出能够适应就业市场的毕业生。

（2）坚持以能力素质为本位的职业教育课程可持续发展理念

在20世纪，职业教育课程建设的理念经历了两个阶段：从技能为本位到以能力为本位。前者注重的是将课程密切结合于特定的职业领域，侧重于针对岗位的前期培训，旨在使学生掌握未来职业所需的具体技能，以此促进他们的就业。能力为本位的理念是针对知识更替加快，职业转化加剧的从业形式提出来的，强调职业教育的课程要培养学生不断适应职业变化、就业变动、劳动力流动的能力，注重的是学生的终生学习能力和不断创新的能力。进入21世纪，知识经济、经济全球化使职业教育的理念再一次发生了新的变革，由能力为本位转向以素质为本位。以素质为本位强调职业教育的课程改革在理念上，要使学生不再局限于就业时所需技能、能力的限制，而是关注学生持久的创造力、永久的工作活力，关注学生的职业素质。这其中包括科学素质、人文素质、劳动素质和生活素质等。使学生逐步成为全面发展的人，符合绿色经济、绿色社会需要的人——首先能胜任就业时的工作，会工作，工作出色，能越来越有成就；除了能完成好工作，还有责任感，理解工作的社会价值，能够理解人、关心人、爱护生命、保护环境，能够不断适应职业变化，保持健康快乐向上的精神状态。目前，许多高职院校已开始应用这些理念，使之在课程体系、课程内容方面得以充分体现。在职业教育课程可持续发展的建设中要做到在门类上使科学、技术课程与人文课程相结合，注重学生的素质培养；在内容结构、课程教学方式上，训练学生的素质养成。

（3）强化以学生为主体的职业教育课程可持续发展理念

目前的课程所强调的仍旧是以教师为主，以教材为主，以教师为中心组织教学过程。学生的主体性没有得到重视和发挥，只能被动接受教师的教学，学生只是为了通过考试而学习，缺乏学习热情，学习主动性不足，创造性思维没有得到充分开发。因此，为使高职课程教学能够逐渐解决学生被动的问题，提升课堂教学的活力，应当形成和遵循以学生为主体的理念。基于此理念的指导，进行规划、设计、编排和实施等各方面的课程改革，而这也已经成为现代课程改革的主要趋势。

（4）以终身学习为职业教育可持续发展的主要导向的理念

当前全球教育改革发展，尤其是职业教育课程改革方面，显示出了一个重要的趋势：终身学习。职业教育可持续发展也应当以此为主要导向，并将其落实到课程改革和建设之中，也就是要提出学生的主体性，发挥其能动性。一方面教授其职业知识、技能，全面提升其综合素质；另一方面要教授学生学习方法，使之形成良好的学习习惯和自主学习意识、能力，使之形成终身学习观念，不断发展。

2. 坚持进行课程体系及课程的改革

（1）坚持现代课程理论对职业教育课程改革实践的指导

高职教育的传统课程模式注重的是培养学生的操作技能，而忽略了其他方面。根据现代课程观，人的心理结构是一个全面的有机整体，包括由感知、思维、想象等心理因素组成的认识系统；由注意、意志、情感、兴趣、爱好、气质、个性等因素组成的情感系统；由专门的技能、技巧和身体各部分的功能组成的操作技能系统。上述三个系统之间并非彼此孤立，而是相互交织、相互作用，因此人的心理结构是一个整体，这就意味着我们的课程体系和教学内容应当是全面的、完整的。不能仅重视操作技能，也要兼顾学生情感和心理的发展，才能够保证整体的教育效果，培养全面发展的人才。教育现代化的特色在于：课程教学不仅强调提升学生的知识水平和技术能力，还强调促进学生心理层面、精神层面和人格层面等的发展，要求使学生全面发展、身心协调发展。其强调教学内容和计划要突出个性化、差异性、灵活性和开放性，尤其要跟上时代潮流，满足学生的个性发展需求，将教师从知识讲授和灌输中解脱出来，使之作为引导者，而非主宰者。以学生为主体设计和实施教学，最大程度地激发和发挥他们的主体性和积极性，从而培养学生具备适应未来发展的能力。立足于现代教育技术的发展和应用，教育技术能够跟随科技发展的步伐实现现代化。现代教育技术突破了时空束缚，可以以多样化的、具体形象的方式传递信息，有助于激发学生的求知欲，有效提升其学习积极性和主动性。所以，职业教育课程改革不仅要改革教学方法，也要采取新的教学手段，以确保课程改革的现实性和导向性。

(2)把职业教育课程改革纳入系统工程，积极稳妥有步骤地推进

职业教育课程改革是一个涉及多个方面、复杂、庞大的系统工程，所以，在课程改革的过程中，必须构建一个完善的机构，并制定出正确的规划，按照合理的步骤，采取科学的措施，并要求政府、教育行政部门、学校、企事业单位共同合作，才能够达成这一重要任务。

首先，建立课程建设的组织机制。建议成立全国性、地方性、院校性的不同层级的职教课程改革工作组，这个工作组要由教育行政部门人员、教育教学管理人员、教师学者、企业人员、学生代表参加。

其次，完善管理、监督机制。建议成立全国性、地方性、院校性的不同层级的职教课程改革机构，这个机构在听取改革工作组意见的基础上，负责课程改革规划、协调和管理。这样一个机制使课程改革能在理论的指导下进行，并有不同层级的机构负责实施。

再次，以纲带点，构建健全的课程体系。培养全面发展的人才，培养复合型人才，完成人才培养目标，需要科学合理的课程体系的支撑，这也是学校教育质量的重要影响因素。课程计划的灵魂在于培养目标，核心在于课程设置，后者是前者的实现路径，后者是前者的出发点。教学内容的选择和整合以培养目标的达成为目的，并且课程设置以培养目标为依据，从而确保达成培养目标。

最后，注重细节关注课程教学内容的改革。有了课程建设机制、科学的课程体系只是具备了课程可持续发展的"大脑"，要想使其肌体正常发挥功能还必须有健康的"血液"。课程内容可以说是课程可持续发展的"血液"。高职课程改革，关键在于改革课程体系下设置什么课程，课程应是怎样的内容和组织。设置课程又取决于该课程在课程体系中的作用与地位。目前，高职教育处于重要的发展模式转型期，要从规模扩张式发展转变为内涵丰富式发展，其改革的重点在于构建科学合理的课程体系，确保其适应职业需求。课程内容的选择和课程的组织需关注各个方面，包括课程改革理念、目标、内容、课程改革的组织与管理、师资队伍建设等，使课程内外部各要素相互协调，使学生的综合素质与核心职业能力全面发展。

(3)坚持理论联系实际，工学结合以就业为导向的原则进行课程建设

教育部《关于全面提高高等职业教育教学质量的若干意见》已明确表示，需

着力实施工学结合的学习模式，以此为入手点进行高职教育人才培养模式改革，促进专业调整和建设，以及课程设置、教学内容与方法的改革。从字面上看，工学结合就是将工作与学习结合，突出了学生的主体地位。其面向具体的职业和岗位，借助校内外的教育环境和资源，把学校内的课堂和校外工作有机结合，让学生理论联系实际，抽象和具体相结合，合理安排课程让工学结合贯穿于学生培养的全过程之中。通过工学结合，学生能够根据专业教学的要求，将在校内学到的各种理论知识与在校外根据市场的需求，以企事业员工的身份参加的实际工作紧密联系。这种结合使学生学习目的明确，知道学什么，为什么学，学到的理论知识将对工作有什么帮助。同时通过实际工作知道自己理论知识还有哪些欠缺，知识掌握程度与实际工作需要的差距，实际工作对理论学习有何弊益。工学结合教育模式能有效提高学生学习和实践两方面的能力，从而提高学生的综合素质和真正步入未来职场的就业竞争能力。这种教育模式要真正得以实施必须压缩以学科知识逻辑为主线、专业理论为主体的教学时间，提高学生的实践工作时间。工学结合要求将课程巧妙设计，课程的内容上倡导将理论与实践相结合，按照岗位工作任务设计课程，以现实的岗位要求为依据调整课程结构。要求课程改革坚持岗位工作流程导向，并据此选择和重组教学内容，按照现实职业中的项目案例、职业规范和程序等设计课程。在工学结合教学模式的构建和实施中，应保证理论知识和实践工作的有机融合，避免两者分离和脱节。

综上所述，高职院校要认识到课程改革在高职教育改革中的核心地位，将此作为本校教学改革的关键，以及内涵建设的基础。从更深的层次上认识和理解课程改革的重要性，立足于校企合作的视角来看待和指导课程改革，积极开展专业和人才培养模式的改革，以推动高职教育可持续发展。

3. 坚持不懈地加强教师队伍

现在，各高等职业院校"以学生为中心，以学生为主导"的观念深入人心，但这并不意味着忽视教师的作用。重新审视课程可持续建设，可以发现教师仍旧是其主体，教师团队直接决定着其成果。所以，在实现课程可持续建设的过程中，教师应该具备多方面的能力，具有深厚的专业知识基础，紧跟最新的技术动态，同时要有良好的实践技能以及组织实践活动的能力。每一个合格的高职院校教师，都应该是"双师型"教师。高职院校需要持续改进师资结构，着重培养"双师型"教师队伍。专业教师的核心能力中最重要的就是专业实践能力,为了加强专业教师队伍建设,需抓住如下两点:(1)重点培养学校的专业骨干教师和专业领头人,以安排教师深入企业岗位挂职锻炼的方式,提升其实践能力。这样教师可以深入了解现在职业岗位的工作环境和对知识、能力的要求,以此为依据,更有针对性地进行课程改革和建设;也能够完善自己的专业知识和技能结构,发展自己的专业实践能力,提升实践教学水平。(2)构建多元化和弹性大的师资结构,可以引入具备一定理论基础和高水平实际操作技能的企业员工,引入某些领域的专家和经验丰富且有技术专长的工程技术人员,让他们兼职技能训练教师,解决技能训练师资薄弱的问题。同时,针对兼职教师组织、开展教学规范和教学实施能力的培养,组织专职和兼职教师一起开展教研活动,从而有效提高兼职教师的教学水平。

要建设一支有中国特色的高职院校教师队伍,应借鉴发达国家的成功经验,让教师走出校园、走出国门,加强校内外、国内外培训,用国际上先进的职业教育理念培养我们的高职教师;国家从战略高度认识和重视高等职业教育教师队伍建设的重要性,从多方面入手强化师资队伍。只有如此,才能建设一支专业化的高职教育教师队伍,才能培养和造就高质量的技术人才。

从国际国内的经验来看,凡是职业教育成功的国家和地区都有一套有效的职业教育从业者管理办法。因此,我国有必要实行职业教育教师资格认证制度,以加强教师队伍,特别是对高等职业教育的一线教师进行专业化培养和全面的考核,从而保证高职教育教师队伍的基本素质。教师必须以借调或社会实践等形式等去企业或科研单位(和其他企业、事业单位)的生产或科研一线(和其他项目),从事某项有针对性的实践工作,科学安排时间,最好通过实践能取得相应的技术职称。高职学校应把教师的社会实践计入工作量,并作为教师考核的必要条件。高职院校必须建立以高级职称为主的兼职理论教师队伍和以高级技师为主的兼职实践教师队伍。在教师准入方面,要有学历及实践方面的硬性规定,如新进入高等职业院校教师队伍的教师的学位要求。对于专业课教师除学历要求外,还要有实际能力要求,必须要求具备与拟任课程相关的在企事业单位拥有若干年的实践经验,并取得工程师(或其他系列中级职称)及以上职称。但是,这不能绝对化,高职院校要围绕应用和技能做文章,引进教师也不例外,对于那些有意愿进入高职院校从教的人员，他们可能是学历较低但却在某一领域内有绝招绝活的能工巧匠，这些人高职院校应大力引进。因为经过一定时间的教育学、心理学、教学法等教育职业的系统培训，这些能工巧匠将很可能成为出色的高职教育者。

（五）课程可持续发展的保障机制

课程建设能否可持续发展必须具备三方面条件：政策体制保障、资金扶持、人员保障，三者缺一不可。

1. 政策体制保障是实现高职课程可持续发展的前提

对于课程的建设，教育行政主管部门要予以重视，要出台一系列促进学校加强课程建设的政策；高等职业教育院校要积极落实国家有关高职教育的方针政策，制定鼓励课程建设的具体措施，完善课程建设的标准机制、监控机制、督导机制、评估机制、激励机制、申报机制、管理机制、长效机制。

（1）国家要制定相应的政策性规定，理顺职业院校同行业、企业、政府职能部门等单位的关系

国家应不断制定和调整政策，以完善双证书认定，建设校外实习实训基地，以及推行产学结合办等。大力提倡和支持成立涵盖多个层次和专业的校企理事会，进一步健全和优化职业院校的管理、领导、用人等相关制度。政府应当发挥自身的统筹领导功能，以政策支持和推进职业教育的持续、健康发展，从而促使院校、政府和企业三位一体的职业教育发展机制早日形成。

为此，国家不断完善职业教育法，增设条款，要求各类企事业单位必须承担在职和将就职的职业院校教师的培训，并对这些单位给予了政策上的优惠。政府财政拨付专项经费，为访问工程师和受访单位双方提供资金补贴；制定了特定政策，用于认定访问工程师的工程师或高级工程师（或其他系列中、高级职称）的资格。并且，政府出台了相关政策以促进企事业单位中具备职业教师资格的技术人员到高职院校从事教育工作。

（2）高职院校充分发挥学术自主性、创新型、灵活有效地加强课程建设

我国高等职业教育发展时间较短，再加上历史原因，受原来计划经济的影响，我国的高职院校（指目前高职院校的主体公办高校）隶属于不同的部门、行业、企业，学院领导由上级委派。虽然高校去行政化提了多年，但目前各高职院校，

行政色彩依然很浓，官本位痕迹多，人事分配制度不够灵活，用人选人机制僵硬，在学术气氛融造方面还显不足。面对可持续发展的高职教育，高等职业技术院校必须打破过去影响课程可持续发展的条条框框，充分发挥学术自主性、创新型，灵活有效地加强课程建设。

职业技术学院要进一步解放思想、开拓创新，真正实现敞开大门办高职的理念，广泛吸收企业参与到高职教育中来，共同投入课程建设。作为一个开放的管理平台，学校应当吸纳各方面的优秀资源，打造出办学特色，建设优势专业，持续推进教育教学改革，重视包括课程在内的内涵建设，力求提高办学质量和水平，进而成为一个特色鲜明、行业知名的示范职业院校。

从国家层面上看，我国高职教育体制改革的核心是放权，教育行政部门要实现制度创新，鼓励各高职院校建立多元化、弹性化的分级管理体制；从各高职院校内部上看，各高校要健全行政决策体制，建立科学的、民主的决策制，完善学术建设体制，海纳百川，调动校内外一切积极因素，探讨研究课程建设，谋得课程可持续发展的途径。

2. 师资培养是高职教育课程可持续发展的关键

高职教育可持续发展的关键是教师。高职教育应当重视教师队伍建设，着重开展师资培训，推进高职教师的学历提升，并重点培养双师型教师。教师是课程开发和教学的核心和关键，只有兼顾高水平职业素养和教学能力的教师，才能够完成课程设计和实施等教学任务，并确保教学的有效性。为此，不仅要重视内部提高，构建和完善校内专业教师进企业的制度，提升其职业能力，还要重视外部引进，完善企业人才进校园的方法，建立一支优秀的实践教学专兼职师资队伍，以此不断提升教学质量。

3. 多方办学，增加投入

为了确保高职课程的可持续发展，需要建立一个以政府投入为主的稳定的投资渠道。由于高职教育的办学性质，高职教育注重培养和发展学生的实践能力，要求投入较多的资金，采购优质的教学设施与设备，并随科技和社会进步更新这些设施设备。高职教育办学需始终以政府为主体，多方参与，持续增加资金投入，促进高职就是的可持续发展。

课程建设需要考虑到学生、学校和企业之间的互惠互利，确保课程内容、教学方式等都能够满足学生发展的需要，提升其素质能力，提升教师职业技能和教学水平，促进学院课程体系发展，同时也适应企业具体情况，满足企业经营、发展对人才的需求。所以，需立足于国内实际情况，积极借鉴国际经验，探索有中国特色的校企合作办学和教学模式。为了促进校企合作的发展，一则要为其创造良好的外部条件，这就要求政府积极发挥宏观调控的功能，不断完善相关法律保障体系，对其形成规范和激励，包括领导建设校外实训基地，为校企合作中的企业提供优惠政策。二则激发其内部动力，抓住学校和企业共同的利益诉求，探索校企合作持续发展机制，以利益吸引企业参与，构建多元主体的办学投入格局，为高职教育课程可持续发展提供资金保障。

第四节　我国高职院校可持续发展的对策建议

一、始终以可持续发展的思想指导高职院校建设

作为一种教育类型的高职教育要引入可持续发展的理论，为我国经济和社会可持续发展提供强有力的支持。正如联合国教科文组织出版的《面向 21 世纪的教育宣言和行动纲领》一书中所说："在将一种强制关系转变为一种共有的意义的过程中教育是可供我们自由支配的为数不多的手段之一，而且教育对于促进可持续发展和提高人们解决环境和发展问题的能力十分重要。"[①]

我们可以从两个方面出发理解高职院校的可持续发展。首先是高职院校自身持续发展的能力，既要重视其内部结构、规模的协调发展，也要使之与外部环境发展相适应，如经济、政策等方面，使其具备持续发展的活力；其次是人的可持续发展，也就是高职院校需重点培养学生的可持续发展能力，将之融入人才培养的目标体系，并将可持续发展与终身教育相结合，重视人们在各个人生阶段的受教育和自我教育的能力，以促进高技能人才的持续发展和终身学习。

我们需要意识到高职院校在整个教育系统中是最密切联系着社会经济生产的组成部分，因而更要重视可持续发展，坚持这一理念。当前，我们必须转变经济发展模式，改变传统的以牺牲自然环境的方式来促进科技和经济的发展。所以，

---

① 冯琦琳. 高等职业教育可持续发展研究[M]. 上海：复旦大学出版社，2014：67.

为了切实地促进社会的可持续发展，我国高职院校需要不断与时俱进，坚持紧跟社会需求变化，以此为依据灵活调整人才培养定位、专业设置以及课程设置等。要果断地关闭、合并或者转化已过时的专业，要立足宏观视角精心设计，开设社会需求旺盛的专业，要具备长远的目光，建设与社会长远发展有利的专业，倡导学生学习。

实现学生个人的可持续发展。如今是信息多元化的时代，是全球化的时代，科技突飞猛进、日新月异，不仅导致知识爆发式增长，而且导致知识技术和工作结构日益复杂化。在这种背景下，高职院校如果仍旧只按照社会现有工作岗位要求的人才规格实施教育教学、培养学生，必然无法跟上时代发展的步伐。高职院校一方面要从当下的社会现实出发，另一方面还要放眼未来，让学生不仅掌握当下岗位要求必备的知识，也要具备熟练的职业技能和应对职业发展变化的能力，确保毕业生在特定的专业领域内具有足够的知识储备，以实现个人的可持续发展。

二、强化政府投入和企业、行业参与，构建良好的外部政策环境

从世界高职教育发展经验来看，高职院校只有得到政府高度的关注和支持，才能实现稳健且可持续的发展。

（一）强化政府职能作用，加大政府领导及协调力度

第一，政府需为高职院校的发展创造有利环境，转变社会观念，提升高职教育的社会认可度和社会地位。政府应该充分明确和大力宣扬发展高职院校的重要意义，并改变公众轻视高职教育，低估高职毕业生就业前景的传统看法。政府应当发挥职业教育的社会经济功能，将其发展融入当地的经济发展计划，以此为途径推动地区经济发展，使两者形成良性互动。除此之外，政府需推出相关优惠政策和措施，支持高职教育与普通高等教育、公办高职院校与民办高职院校"并存、并容、并重"，并强化软性引导，积极宣传高职教育的利好，创建高职教育发展的良好氛围。构建政府统筹主导下，各部门积极配合，社会积极参与的联动服务机制，倡导社会各方力量积极参与高职教育办学。

第二，法律建设仍需进一步加强。从1996年开始，《高等教育法》《职业教育法》陆续出台，高职教育的法律地位得以确立，发展高职教育的重要性得以明

确。不过，相关宣传和执法工作仍不到位，需要不断加大工作力度，推进高等职业教育的发展。我们需要学习先进国家的成功经验，强化相关法律法规建设，保障我国职业教育的健康可持续发展。作为人工生态系统，其发展与社会环境息息相关，并且受到社会环境的巨大影响，尤其是其中的法律和政策环境。地方政府应当遵循相关法律的规定，立足于当地现实情况，制定和完善相关的地方性法律法规，对企业、行业、社会个人和其他社会组织在高职教育中的义务、责任和权利予以明确。建立和健全囊括各方参与主体的责任机制、投融资机制、激励机制，以便最大效率地利用企业可利用的社会资源，将之投入高职教育领域，促进高等职业教育的发展。并且不断更新和完善相关政策，使高职教育参与者的行为得以进一步规范。

第三，推进示范校建设和骨干校建设。教育部和财政部一方面要狠抓、加强示范院校和骨干院校的建设；另一方面还要着重推进地方相关部门积极承担责任，切实有效地指导、检查和监督这一建设工作，并且推动地方部门为其提供政策和资金支持。地方教育行政部门和相关部门需定期举行会议，包括示范校院、骨干院校校长工作会议，以及各省市教育行政部门和相关主管部门的工作会议，以便总结和交流各方的建设经验和措施，群策群力，探索出有中国特色、地方特色的高职教育示范校和骨干校建设方案或模式。国家和地方行政部门还应该加强对国家级示范性高职院校和骨干高职院校建设的检查和督促力度和深度。尤其是教育部和财政部可以结合实际情况采取督察组、督察官的方式，监督地方政府和行业主管部门对国家示范院校建设责任的履行情况，并对其工作指导及资金到位情况作出重点检查，同时协调解决一系列问题。例如引进企业人才、基本建设免税退费、学生实习就业和企业税费减免政策的落实问题。地方政府的教育和财政部门需要重视这一方面，发挥地方行政管理的作用，以加强对本地区的示范院校、骨干院校建设工作的领导、指导和协调。

（二）推进校企深度融合办学机制与体制

在全球化的背景下，随着校企深度融合的推进，高职教育正在经历一场意义深远的改革。随着我国经济社会的快速发展，高等职业教育也需要跟上时代潮流，实现新的发展和提升。为了在未来获得话语权，建设出具备国际水平和中国特色的现代职业教育体系，高职院校现在必须采取措施，快速适应不断强化的全球化趋势。校企深度融合所要求的融合是全方位的，包括专、兼职教师，教学标准与技术标准，教室与工场，学员与员工，毕业标准和用人标准，企业文化与校园文化等方面。

第一，鼓励和支持"政府主导、学院主体、企业主动"的校企合作。在校企融合中，岗位的可转移性比其所需的知识更为重要。因此，学校要和企业共同探讨，而不是仅仅迎合企业的需求。只有共同研究，才能实现校企深度融合。在这一过程中，政府需要扮演主导者的角色，统筹整合双方的各种资源，并采用资源置换，以及服务与服务互相置换的方式来推动双方深度融合。同时，还需建设校企合作平台，促进校企合作机制和体制的创新加速，解决校企合作中出现的"一头热"的难题，不断健全和更新相关政策和法律保障体系、评估体系和激励机制等。

第二，积极鼓励企业行业参与办学。澳大利亚在职业教育方面走出了一条成功之路，其企业培训是双元职业教育与培训中极为重要的一部分。为了推进职业教育的发展，澳大利亚设立了国家培训局，并在其领导下，成立了两个全国性行业培训咨询委员会，旨在协调政府、高校、行业和企业之间的关系，鼓励企业和行业积极参与职业教育。考虑到我国的国情，我们应该加强立法，制定行之有效的激励措施和政策，并规范和引导行业组织的行为；利用财政和税收等措施，倡导和支持行业组织等加入职业教育和培训，加入职业资格证书制度建设；鼓励企业参与职业教育和培训领域，汇聚社会资源，推动职业教育的快速发展；应当持续强化行业协会组织和社会中介机构的作用，以激发和增强企业参与职业教育的意愿，使之积极投身于本行业职业教育质量的监管和提高，积极参与制定职业教育政策法规。

第三，政府应该积极在职业教育体制机制创新中发挥主导职能，大力促进校企深度融合，大力扶持双方合作，为校企双方在办学、育人、就业上的合作以及合作发展提供有力条件。不断探索和实施教、学、做一体化的人才培养模式，如"教学工厂""企业校区""校企双体"等。以政策方式引导和支持双方联合，明确培养目标，共同制定课程教学计划和人才培养方案，并合作打造生产性实训基地，以促进校企合作，提高人才培养质量。加速构建支持职业教育改革发展的保障体系，增加各级政府在职业教育方面的财政投入，促进职业院校生均拨款制度的执行，丰富和拓宽融资渠道。当上述政策得以切实实施，高职院校发展将获得巨大的助力，高技能人才培养目标将有望实现，人才培养也能更好地适应企业需求。

（三）建立多元化的筹资渠道和办学评价模式

政府应当不断调整和完善政策，重点构建多元化主体、多样化渠道的项目资金筹集模式，以支持高职院校的发展。资金筹措有六个方面。一是要按投资主体多元的思路多方筹集建设资金。政府在建设过程中还是要起主导作用，院校要争取中央财政资助。二是要多方引资，把技术先进、科技含量高、实力雄厚的企业引进校园，走校企深度融合之路。三是高职院校本身要在项目建设中发挥主体作用：一方面要开源节流；另一方面高职院校要努力盘活资产，要想办法尽快实现资产置换。四是目前大部分高职院校都处于大力扩张校园建设和加强硬件设备建设的关键时刻，高职院校要与金融部门建立良好的信用关系，争取银行信贷资金为校园建设和项目建设提供资金保证。五是与社会和企业深入接触，有偿或无偿接受社会捐赠，缓解高职院校项目建设资金压力。六是积极引资，实行后勤服务社会化运作。

其次，政府要有一套可持续、合理的教育评价体系。教育评价是一个复杂的系统，政府管理部门要加强对高职院校的管理，将评价作为管理高职教育的手段和途径，必须建立健全高职院校的评价体系。从我国高职院校评价的实际工作效果来看，对高职教育评价体系的建设除了评价指标和评价文件的建立以外，还包括评价的制度体系、组织体系、方法体系、社会公共评价体系、校内质量评价体系等方面的建设。

建立健全科学合理的高职院校评价体系有五个方面。一是需要建立完善的法律制度，规范评价工作的程序，规范和处理好行政评价主体、社会评价主体与高职院校之间的关系，规范对高职院校的全面评价和各个单项评价之间的关系。二是要采取开放式的评价，鼓励多方面评价主体对高职人才培养质量进行评价，让社会和用人单位、服务对象、行业和企业专家或代表培养对象（学生或家长代表）等第三方参与评价，真正建立负责任的评价专家队伍。三是要建立和完善第三方中立的教育评价机构或鉴定机构，真正建立使各种评价能够相互促进、相互补充的评价组织。四是在评价方法上，应用现代的教育测量技术和信息技术，提高评价的效率和可信度。五是要完善社会公共评价体系，建立和完善高职院校人才培养质量评价的外部条件，重视社会调查咨询等中介服务机构的建设。如职业能力的鉴定评价、各种单项技能技术的鉴定和评价，为有关就业率、就业质量的评价提供比较客观的数据和标准。六是建立校内质量评价体系，使校外评价与校内评价成为一个统一体。评价体系建立的过程是高职院校可持续发展逐步完善的过程，政府相关管理部门要根据高职院校发展的不同历史时期、不同的发展阶段，面临教育发展阶段不同的任务和要求，制定并逐步完善促进新疆高职院校可持续、健康、稳定发展的评价体系。

三、提升高职院校内涵核心竞争力，实现可持续发展

要实现高职院校可持续发展，高职院校要注重内涵建设，只有努力提升自身的综合实力，才能为实现自身的可持续发展打好根基，要做到这一点，必须注重对自身包括硬实力和软实力在内的综合实力的培育。

（一）先进准确的办学理念是前提

高职院校办学理念是院校的灵魂，它包括高职院校的办学宗旨、办学目标、办学策略，具体体现在校训、校风、校规、办学原则、办学宗旨、育人取向、培养目标、育人途径、学风建设、教师形象、校园文化、工作重心、庄重承诺等方面。每一方面都应当精雕细刻，力求使办学理念在实践中达到完美。先进的办学理念对内是凝聚力、向心力，对外就是核心竞争力和品牌。

要创建一流的高职院校，要可持续发展，首先要有先进的办学理念。在办学理念上必须有自身的独到之处。首先，办学理念的确立要找准切入点，比如国家骨干高职建设院校——北京劳动保障职业学院的办学理念是"质量为本，创新为魂"。办学理念的形成要经历两个阶段，第一阶段是从无到有，新建的高职学院在思考和摸索之中；第二阶段是水到渠成，即理念已经形成，已成为全校师生的共识和凝聚力，并逐步走向成熟。对于办学历史不长的高职院校来说，树立办学理念是至关重要的，要努力营造民主、自由、独立的高职院校氛围，塑造求真拒

伪、扬善伐恶、务实、戒骄戒躁的精神。除此之外，高职院校还要确立"以服务为宗旨，以就业为导向，走产学研相结合的改革和发展之路"的办学理念。其次，要把握正确的人才质量观，人才质量是维系高职院校生存和发展的大事，关于这一点高职院校要一改过去的"唯知识"质量观，注重学生职业能力的培养和职业素养的综合发展，以从根本上提高学生的职业岗位发展能力，实现真正意义上的可持续发展。最后，要明确培养目标，培养目标也即人才规格，《关于加强高职高专教育人才培养工作的意见》一文中指出高职教育就是要"培养拥护党的基本路线，适应生产、建设、管理、服务第一线的，德、智、体、美等方面全面发展的高等技术应用性专门人才"[1]。可见，突出学生技术应用能力的培养成为高职院校办学理念的根本特征。

（二）动态优化的专业结构是基础

职业教育为经济建设服务的重要标志是专业设置，而专业设置是高职院校适应社会发展与经济建设，培养高层次实用型人才最鲜明的体现。因此，专业设置成为事关高职院校可持续发展及其长远办学效益好坏的一个重要方面。

北京劳动保障职业学院是我国国家骨干高职建设院校，该院在专业设置和建设上有着自己独特的理念：首都经济发展未来最需要哪种人才，就办哪个专业。2010年，北京已经率先进入中度老龄化社会，养老服务人才告急。北京劳动保障职业学院敏锐地把握市场需求，积极承担教育责任，果断开设老年服务与管理专业。经过三年建设，该专业已经成为校企合作体制机制创新改革的试点专业和中央财政支持的重点建设专业，专业建设和人才培养质量在北京乃至全国都名列前茅；2011年7月，北京地铁四号线电梯发生设备障碍后，有关部门要求操作人员到期要换证、培训和考核。但从考核情况看，操作考核通过率较低。如何填补巨大的人才缺口，政府、企业都很着急。学院抓住机会，2013年新增"电梯检测与运维"专业，并由校、企、行三家共建，与知名厂家进行合作办学，进行专业的深耕细作，该专业一成立，便立即得到了北京市技术监督局、北京市特种设备检测中心等政府部门的大力支持。而正是这种先进的理念，使北京劳动保障职业学院赢得了可持续发展的先机。

---

[1] 教育部关于印发《教育部关于加强高职高专教育人才培养工作的意见》的通知[J]. 教育部政报，2000（5）：208-220.

因此，高职学院在进行专业设置时应适应外部环境，把专业置于整个经济社会的大循环的动态系统中去考虑，即根据经济社会发展对职业岗位的需求设置相应的专业，经济社会发展需要什么人才就设置培养这种人才的专业，经济社会发展对同类人才的需求在结构上发生了变化就调整培养该类人才的专业，经济社会发展不再对某些专业人才产生需求就淘汰培养这些人才的专业。另外，高职院校专业设置要适度超前，既要适应当前岗位对技术应用型人才的需求，又要着眼未来，适度超前地设置专业：一方面要能对未来行业需求作出综合分析和科学的判断；另一方面还要考虑到新专业建设的周期性。只有将两方面因素结合起来设置专业，才能做到有的放矢，从而开设出越来越合理的新专业，以满足未来社会发展的需求，实现学院的可持续发展。

（三）能力本位的课程设置是关键

课程是联合国教科文组织制定《国际教育标准分类法》的基本分类单位。不同的教育类型对应着不同的课程类型，不同的人才类型需要用不同的课程设置来培养。高职院校高职教育的属性决定了其课程的基本特征。高职院校的课程设置应以能力为本位，突出职业能力培养、强化能力培养的针对性和可操作性。

能力本位职业教育是一种以满足企业需求、以实际能力培养为主的职业教育。它的核心是如何使学生具备从事某一职业所必需的实际能力。这里的能力是知识、技能和态度等的综合。应该包含四个方面的能力：一是完成职业任务所必需的基本技能或动手能力，如知识运用能力、技术应用能力；二是完成职业任务应具备的基本职业素质，如合作能力、公关能力、解决矛盾的能力、心理承受能力等；三是职业岗位变动的应变能力和就业弹性；四是在技术应用领域中的创新精神和开拓能力等。与以往那种知识本位职业教育相比，能力本位职业教育更能够为就业作好准备，更直接符合企业的需求；能力本位职业教育更能适应行业性的广泛要求，更能提高职业教育的效率和效益。目前，北京劳动保障职业学院正在着力推进以能力为本位课程体系的改革。这项改革是一项浩大的系统工程，为了使课程改革工作更系统、稳定、有效和更切合学院的实际，学院对课程改革目标有明确的定位。

首先，高等职业教育主要是为高中后阶段提供以就业需要和职业能力培养为核心的教育，这就决定了高职教育与学科教育的理论知识获取是不同的。知识的获取可以通过课堂讲授来获得，而职业技能一定要在具体工作实践中或模拟条件下的实际操作中进行训练和培养，两者有很大的差异。因此，高职院校的课程设置不是简单地将本科院校的课程内容，通过缩减或删减直接搬到高职院校来，而是要根据高职人才培养的特点来确定高职人才培养目标。课程设置是人才培养目标的核心内容，设置什么样的课程对培养什么样的人具有一定的导向作用，因此，它是高职院校人才培养目标中的一个重要环节。

其次，高职院校课程设置必须以岗位职业能力培养为核心，而职业能力是指从事某一职业或岗位所需的具体能力，以及达到这种职业的从业能力要求。为了突出高职院校的人才培养特点，实现高职院校的人才培养目标，高职院校的课程设置应按照职业岗位需求设置课程，按照岗位实际操作的能力需求，以培养一线高技能应用型人才的岗位能力为中心来确定理论教学和实践教学的内容。只有在职业教育中明确职业能力培养目标，使职业能力培养具有针对性和可操作性，突出职业能力培养，才能提高高职课程的教学质量，使学生具备较强的实践能力和适应不同工作岗位的工作能力，综合运用知识与技能解决实际问题的能力。因此，突出职业能力培养是高职课程设置的核心，是推进高职院校可持续发展的关键。

（四）结构合理的"双师"队伍是保障

高职院校要实现可持续发展，关键要在学生身上下功夫，也就是要培养出适应经济社会持续、快速、全面发展和产业结构转型升级的应用型、高技能人才。而培养应用型、高技能人才的关键是拥有一支具有扎实的理论知识、业务知识、实践技能和实践指导能力强、素质优良、结构合理、一专多能、专兼结合、结构合理的"双师型"教师队伍。

首先，要加强内部培养。高职院校要引导教师正确理解"双师型"的科学内涵，要求教师正确处理学历进修和获取专业技术职称资格的关系，实现学历证书和岗位资格证书的协调统一，坚持走可持续发展之路。另外，通过高职院校师资培训基地建设和定期实践锻炼制度，统筹安排教师（专业教师、实训指导教师和新进校的青年教师）到实践基地和相关行业、企业进行专业训练、挂职锻炼、技术培训、技术研发和技术服务。让教师们更多地贴近现场、接触实践，掌握生产一线的先进技术，从干中学、在学中干，提高自身的技能水平。

其次，要注重外部引进。目前大多数高职院校均通过补充优秀硕士、博士，吸引优秀留学回国人员，向社会公开招聘高水平教师来充实高职院校师资队伍。然而，更为重要的是在师资引进中，突出教师的"应用技能"这一重点，严把"能力"关。还要注重从企业、产业部门引进一些有实践经验的技术骨干，他们一般应具有工程系列的中高级技术职称，有多年在一线从事技术工作或管理工作的经历，经过教师资格培训，取得任教资格。他们既适于做专业实践课的教师，也可以任专业理论课的教师，能成为"双师型"教师队伍的重要组成部分，从而构建起高职院校师资引进的独特机制。

再次，要积极从社会聘任。要建立"外聘教师资源库"，实现"二元"师资管理模式，把兼职教师作为整个师资队伍结构的重要组成部分来建设和管理，而不是将其视为一种补充力量或次要部分。其中，重要的是要通过控制兼职教师的来源渠道，为学院输入新鲜"血液"，改善和调整现有教师队伍的结构，实现高职院校师资队伍整体功能优化。比如，从生产一线聘请有丰富实践经验并能指导实践教学的工程技术人员任兼职教师，可以通过结构互补，形成师资队伍整体结构上的"双师"素质。

最后，要打造国际视野。随着教育国际化浪潮的不断推进，职业教育国际化已然成为一种趋势，传统的师资结构难以适应这一趋势，因此高职院校必须充分分析这一趋势，打造适应职业教育国际化的"双师"型师资队伍。打造具有国际视野的"双师型"师资队伍，首先要缩小高职教育与发达国家在理念上的差距。北京劳动保障职业学院在三年国家骨干校建设期间，分三批将学院全部专兼职教师派到职业教育做得较好的德国、澳大利亚、加拿大、新加坡等国家进行集中学习，感受多种的职业教育理念。并且还派遣骨干教师到国外接受长达一年的专业培训，学习国外职业教育的成功经验，为学院可持续发展提供了人才保障。

（五）鲜明独特的办学特色是核心

特色不是一所高职院校任意标榜的口号，也不是某一位院长任意想象建立起来的空中楼阁。院校特色是院校为了得到持续发展，根据实际情况，遵循教育规律，发挥院校优势，选好优势点作为突破口，以此来带动院校整体优化，逐步形成的一种稳定、独特的、优质的办学风格和样式。

办学特色的形成是一个长期的过程。首先，必须经过孕育阶段，学校领导在广泛征求教职工意见的基础上，客观分析学校的内外环境，科学总结学校过去办学中成功的地方和不足之处，选好突破口，力显办学特色，并使之为广大教职工所接受。其次，是办学特色发展阶段，学校在这一阶段应加大力度进行特色建设，并将特色目标经过分解和层层落实，使学校在同类型学校中有一定影响。最后，是办学特色的形成阶段，在办学特色发展阶段的基础上，逐步形成稳定的、独特的办学风格，办学经验得到升华，办学成果得到社会认可，学校的教职工得到很好锻炼，形成一大批特色教师，特色专业，培养的学生也有特色。因此，办学特色的形成过程是办学特色发展的过程，也是学校以某一特色项目为突破口，带动学校整体优化的过程。

因此，高职院校要从本校实际出发，整合办学中的成功经验并进行提升和创新，形成自己的特色办学理念。这一特色能避免与其他高职院校的同质化，实现差异化竞争。高职院校应当积极塑造具有自身特色和优势的品牌，通过品牌所倡导或体现的文化使学生、家长和用人单位接受自己，进而提升市场竞争力和形象。高职院校只有树立品牌意识，制定名牌精品发展策略，才能在激烈竞争的教育市场中实现可持续发展。树立高职院校品牌是高职院校进入市场，优化教育资源配置的必然选择。因此，应当实施品牌特色战略，加强优势特色专业，打造精品专业，培育新兴专业，最终实现高职院校可持续发展。

（六）合作多赢的战略联盟是趋势

战略联盟源于国外企业管理，是实现组织间资源共享、优势互补、风险共担、要素双向或多向流动的网络组织，被誉为20世纪最重要的组织创新，并成为当代组织变革的新趋势。高职院校的战略联盟是指两个或两个以上的高职院校、政府部门、行业、企业之间为了一定的战略目标，通过一定的方式组成的资源共享、优势互补、风险共担、要素双向或多向流动的组织。

在《国家中长期教育改革和发展规划纲要（2010—2020年）》中强调："调动行业企业的积极性，建立健全政府主导、行业指导、企业参与的办学机制，制定促进校企合作办学法规，促进校企合作制度化。"[①] 这说明校企合作将逐步法律化、制度化，而如何将行业、企业和学校组织起来，形成校企互动的良性机制，成为亟待解决的难题。高职院校一直在认真思考学校与企业以及社会之间的互动关系，并在实践中不断地进行尝试和探索，结合各自校情，构建了校企合作的董事会、专业建设的理事会、校企合作委员会、学校发展委员会、学校基金会等多种具体互动方式。但就目前而言高校与企业、社会之间双向参与的运行机制没有真正形成，需要进一步探索校企共建高职院校的新模式，扩大社会合作，探索建立高职院校董事会或理事会，完善校企合作、社会支持和监督学校发展的长效机制。

北京劳动保障职业学院在国家骨干校建设期间就建立了院系两级理事会，目前正以职业教育集团建设为契机，深化内涵建设，依托职业教育集团平台，借助成员各方的优势，全面提升学院的人才培养质量。学院职业教育集团将建立"政府主导、行业企业参与、学校自主、适应市场"的办学模式，对进一步深化教育教学改革，促进产学研结合，形成"人才共育、过程共管、成果共享、责任共担"的办学体制机制，具有重要的战略意义。将使学院成为全国人力社保行业高端技能型人才培养的高端基地，成为行业企业高新技术人才培训不可或缺的首选基地，成为全国高职院校体制机制创新的示范基地。

因此，为了实现国家大力发展职业教育的宏伟目标，构建现代职业教育体系，促进经济社会快速发展，迫切需要职业教育形成整体合力，结合国际发达国家高职教育的发展经验，加强建设职教战略联盟。

---

① 中华人民共和国教育部. 国家中长期教育改革和发展规划纲要（2010-2020年）[EB/OL].（2010-07-29）[2022-08-10].http://www.moe.gov.cn/jyb_xwfb/s6052/moe_838/201008/t20100802_93704.html？eqid=90bc801a000f3f5400000006643d3107.

第五章　高等职业教育的信息化发展创新

本书第五章为高等职业教育的信息化发展创新，主要介绍了三个方面的内容，分别是信息化背景下高等职业教育教学方法和教学手段的创新、信息化背景下高等职业教育的产学研合作、信息化背景下高等职业教育的科研工作创新。

第一节　信息化背景下高等职业教育教学方法和教学手段的创新

一、高等职业教育与翻转课堂教学

（一）翻转课堂教学的内涵

翻转课堂是指通过利用信息技术环境，改变传统的教学模式，将授课和学习过程中的顺序翻转的教学模式。教师提前录制教学视频，供学生在课前自主学习，课堂时间则更多地用于师生互动、合作探究、讨论、答疑等学习活动，从而更有效地促进学生深度学习，激发学习兴趣，提高学习效率。通过翻转课堂模式，学生们可以自主掌握知识点，同时也可以根据自己的学习速度进行个性化学习，从而增加交互时间并满足不同学生的需求。

1. 教学理念的转变

传统教学强调教师的作用，但忽略了学生的个性差异和需求。而翻转课堂教学的方法，打破了传统教学的惯例，注重尊重学生的权利，强调学生自身的地位，能够创设一个平等公正的学习环境，使学生更加轻松地学习。翻转课堂被认为是一种突破性的教学创新，颠覆了传统教学的模式。通过翻转课堂，学生能够自主学习，教师成为学生的指导者，避免了传统教学中单方面的知识灌输和思维过程的依赖性。翻转课堂注重学生的自主学习、协作和创新能力，采用高度互动的教学方法，激发学生潜力，教师则担任指导者的角色，引领学生发现自身潜在的学习能力。

2. 教学流程的转变

随着信息技术的进步，翻转课堂让传统教学模式发生了改变。在传统教学中，教师主导授课，学生在课堂上听讲，并在课后完成作业巩固所学知识。而翻转课堂则利用信息技术支持，让学生预习课程内容，而在课堂上，教师和同学们能够共同交流、讨论。这种方法能够让学生更积极地参与学习过程，更深入地掌握知识。翻转课堂的主要思想是让学生在课前自主学习由教师提供的学习资源，然后将课堂时间用于解决难点、加深理解并促进协作学习。在课前自主完成任务的学生，能够在课堂上解决自己遇到的问题，并在团队合作中进行交流讨论。通过调整教学流程，重新分配课堂时间，能够让教师讲授时间减少，学习者交互时间增加，拓宽讨论交流的空间。

3. 师生角色的转变

传统课堂模式下，教师通常扮演着主导的角色，负责课堂教学的重要任务，带领学生接受知识。在这种以教师为中心的教学模式下，学生对于知识是被动接受的，因此，此教学模式存在显著不足。借助翻转课堂的教学方式，教师不再像以前那样单纯地传授知识，而是扮演多重角色：协调学习过程的参与者、设计课程的管理者，支持学生的学习、组织学习活动的策划者等。学习者应该是学习过程的主动者，勇于发掘知识并自发地建立个人学习体系，同时积极地参与教学活动。学习者可以自由地安排学习时间和学习地点，以适应自己的实际情况。在一个愉悦的环境中学习，可以让学习者更加自如地学习。在基于信息技术的协作学习环境中，学生通过互动交流的形式合作解决问题，从而有助于扩展知识面和加深对知识的理解。

（二）翻转课堂教学的优势与局限

1. 翻转课堂教学优势

（1）增强交互性，提高学习兴趣

一般来说，传统的高职教育模式倾向于以教师为中心的方式进行教学。以英语教学为例，教师主要采用教授基础知识词汇、语法和结构等的方法，但没有足够重视学生在英语学习中的个体差异。这种传统的教学模式营造出令人感到沉闷、呆板的课堂氛围，抑制了学生主动参与和表现，给学生的学习兴趣和积极性带来不利影响。更为严重的是，少数教师对学生提出的问题持批评和质疑的态度，这很有可能抑制学生们的学习积极性。因此，许多学生对这样的授课方式会感到反感。而翻转课堂的教学方式注重学生的个体差异和个性化发展，让学生变成了课堂的主角，不再像传统教学那样被动接受知识。此教学法可进一步促进教师与学生之间的交流互动，以及促进同学之间相互支持的氛围。采用这种互动方式，能够有效地加强学生对英语的领悟和掌握，从而提升他们的成绩。

借助翻转课堂的教学模式，可以为学生打造一个愉悦的学习氛围，让他们得以在自主学习的环境中自由安排学习时间。在课堂上，为了加强对英语知识的学习，学生与教师之间进行了广泛的讨论，讨论的内容针对课程的难点。同时，学校还采用了大量的教学视频和素材，这样可以避免教学单调、枯燥无味的氛围。利用各种生动有趣的文字、音频和视觉元素来激发学生的学习热情，以提升他们的学习成效。网络视频教学和情景素材教学等教学方式，能够使学生在非课堂时间和地点自主学习新知识，并掌握学习进度。翻转课堂赋予学生自主学习的自由，让他们可以根据自身的需求和情况，自由地安排学习时间和地点，并掌握自己的学习进度和内容。通过网络，学生可以与老师或同学互动，相互协助，共同学习新知识，享受开放自由的学习氛围。

（2）实现从终结式评价到过程性评价的转变

在这种教学过程中，需要鼓励使用以过程为导向的评价方式，而非单一的最终评价方式，以获得更好的教学效果。翻转式教学注重对学生的学习过程进行观察和评价，包括课前和课中表现的评估以及最后的总结，不仅仅只注重学习效果的总结。同时，也包括确保小组成员之间形成有机的联系。要顺利实施翻转教学，也就是将授课和作业的顺序颠倒过来，需要充分利用软件技术，从拍摄视频到后期剪辑都要有专业人员提供必要的技术支持。要实现师生和同学之间的流畅交流，就需要考虑交流平台的完善程度。因此，要实施翻转课堂测验，学校需要为讲师提供技术上的支持，准备好公布教学录像的各项工作，并为未来采用视频授课提供基础。

（3）促使学生主动学习，提高学习效率

通过先观看教学视频，学习者可以更充分地准备上课所需的知识。通过课堂小组合作任务，学习者能够积极参与，而教师也得以更专注地辅导学生，从而使得教学效果更显著。通过翻转课堂教学，学生的自主学习能力被激发，学习效果不断提升，学习者能够获得更多的自我决定的权力。教师不仅要激励学生学习，还要制定课程大纲，提供学习帮助，并组织各种学习活动。教师和学生之间应该建立友好关系，创造一个自然平等的学习环境，以实现富有成效的对话和紧密沟通。

（4）提升学生的综合学习能力

翻转课堂的目标在于激发学生自我学习、合作学习、解决问题和创造性思维的能力。学习者要具备出色的自主学习技能，才能增强自己的学习效果，而这需要学习者在上课前先作好关于相关知识的充分准备。通过翻转课堂，学生能够得到更多的实践机会，并且在完成任务的过程中面临各种不同的挑战。只有通过克服这些挑战，他们才能够达到教学目标。学习者应该积极地发挥创造性思维，以便更有效地完成课堂任务。学习者在小组合作和展示的过程中，能够更好地锻炼自己的逻辑思维和交流沟通能力。翻转课堂的实施使学生的综合学习能力得到了增强，为他们未来的学术发展打下了坚实基础。

2. 翻转课堂存在的不足

（1）受传统教育观念影响，短时间难以接受改变

在高职教学中，不少教育者受到传统教育观念的影响，强调教师、教材、课堂，实行灌输式教学方法，导致学生难以积极地掌握所教授的知识。有些教师还没有准备好接受和赞同翻转课堂的理念，即让学生成为主要学习者，而教师则成为学习的协助者和指导者。教师们深知自己并非能够解答所有问题的万能专家，因此对这种教学方法有所忌讳，担心无法正确回答学生的提问而丢失自己的面子。由于翻转课堂在我国的应用和推广时间较短，人们可能需要一些时间来对其进行适应和认可。翻转课堂自2007年在美国首次亮相，经过4年的发展，才逐渐走向普及和推广。2011年底，我国引入翻转课堂模式。尽管试验已经开始了，但由于时间不足，我们还没有足够的数据和案例可以支持推广宣传。因受传统教育观念的影响，许多教育者对翻转课堂持怀疑态度，导致其推广进程缓慢。

（2）缺乏信息技术的大力帮助

如果想要成功应用翻转课堂教学，就必须提供相应的设备和设施；如果想要制作课堂视频教学或学生通过视频学习获得知识，就需要有适当的硬件设备，如

电脑等,来提供支持。因为一些高职院校规定禁止一年级学生带电脑,再加上一些学生由于经济原因无法购买电脑,因此不能让所有学生享受使用电脑所带来的方便,这导致了在课堂上应用视频教学更加困难,从而凸显了翻转课堂的不足之处。

(3)实验应用结果存在局限性

由于教学研究的样本容量有限,只能在一个班级进行翻转课堂的实践研究,因此该研究可能有一定的局限性,不能代表总体情况,所得到的数据可能存在偏差,而这可能会影响对翻转课堂教学效果的分析。此外,考虑到翻转课堂的实践时间受限,只有一个学期实施了这种教学模式,同时受制于现实条件,因而无法对翻转课堂教学在更长时间内的应用效果进行长期观察。

(4)教师能力经验需要提高

在翻转课堂中,教师需要具备设计高质量学习资料的能力,以促使学生主动学习,并深入理解所教知识。同时,教师还需要引导学生实现自主学习。在课堂教学中,教师应该精心安排教学步骤,从而鼓励学生进行合作学习。根据教学理念、学科特点以及学生的学习特征,制定适宜的课堂活动,以协助学生解决难点并深入理解知识。教师应该选取适当的方法来组织小组汇报,提供教学指导,激发学生的主动性,及时引导小组学习,并对小组汇报的结果进行评估和分析。

(5)学习者的自主学习能力和合作学习能力需要加强

在翻转课堂的教学模式中,学生应该在课前利用教育资源进行自主学习。在这个过程中,学生的自主学习能力是非常关键的,因为它直接影响着他们对基本概念的理解程度,从而对教学效果产生了直接的影响。在课堂学习中,需要学习者具备优秀的自学和团队协作能力,通过小组合作学习与互动交流,以促进知识的建构和迁移。然而,学习者习惯了传统的教学方式,在课堂上依赖教师传授知识,因此很难适应自主学习的课前准备,而这可能会影响课前学习的效果。高职学习者缺乏充足的学习动力,仅少数学生能够在课前观看教学视频。有些学生在小组合作学习中表现不积极,不够热情,没有全力以赴完成小组任务。因此,教师有必要适当地引导学习者在学习过程中充分融入,从而有效提升学生的自主学习和协作学习能力。

(6)学习评价体系不能对学习者进行准确评估

学习评价是确保教师不断改进教学水平和学生成果不断提升的主要途径。因为缺乏完备的评价体系，因此对所有学生进行准确的评估仍有难度。尽管采用了教师评价和学生互评相融合的方法，但评价体系仍然存在不够科学的问题，难以精确地评估学生在自主学习、小组协作学习和课堂互动上的表现和成效。此外，还没有对学习资源进行充分的评价。

翻转课堂是高职教育中的一项创新尝试，旨在改变学习者传统的学习方式，为高职教育注入新的活力。研究表明，采用翻转课堂教学方法能有效提高学习者的学习成绩和能力。尽管实践了翻转课堂的教学方法，但是受到研究的对象、内容、方案和条件方面的限制，加上教学者的能力相对不足，这种教学方法仍然有一些缺陷，需要对其进行进一步的研究，以便通过反思、改进和发展来更好地完善这种教学方法。随着信息技术的进步和教学实践的普及，翻转课堂的概念将变得更加丰富和多样化，这为探索翻转课堂提供了广阔的研究空间。翻转课堂的教学研究将在未来得到更广泛的探索和深入，以促进该教学方法的进一步改进和优化。

（三）翻转课堂在高职教学中的应用

1. 课程的导入

课堂导入是一节课的关键，虽然时间不长，但其具有非常重要的作用。成功的课堂导入可以吸引学生的注意力，激发他们的学习兴趣，从而转变为自发学习的状态，这对教师后续教学的效果有着至关重要的影响。英国教育学家罗素提到"一切学科本质上应从心智启迪开始，教学语言应该是引火线、冲击波、兴奋剂，要有撩人心智、激人思维的功效"[①]。在进行翻转课堂教学时，课堂导入同样是非常重要的环节，它能够作为课前自学和课堂教学之间的桥梁，将二者有机地连接起来。恰当地引入能帮助学生快速回忆预习的知识和难点，并让他们迅速进入状态，作好准备开始课堂活动。导入课堂对于整个教学过程的顺利进行非常重要。如果教师未能激发学生对课程的兴趣和好奇心，在课程早期就让学生感到无聊，那么学生很有可能难以集中注意力，也难以完成接下来的教学任务。

2. 课堂教学活动的组织

学生在进行学习的过程中，简单地依靠"宣讲纪律"的方式并不能充分调动

---

① 徐英，李瑞芹，王金升. 新时期高职院校公共课教学研究 [M]. 长春：吉林人民出版社，2021：67.

学习者学习的主动性，况且对学生来说增加了学习的抵触性，课堂是检测学生对知识掌握情况和解决困难的最好时机。教学活动的组织按其功能可分为三类：一是管理性组织，二是指导性组织，三是诱发性组织。管理性组织主要是教师对课堂纪律的组织，目的在于培养学生的自觉意识，保证正常的教学秩序。采用翻转课堂教学模式后，教师的地位不再那么崇高，并且课堂的互动性增强，学生之间的相互交流和合作能够得到更多的促进。考虑到高职生的思维敏捷度，大学英语课程一般会在配备多媒体设备的教室进行授课，但这种授课方式也有可能会分散学生的注意力。鉴于高职学生的自我管控水平较低，常会出现注意力分散、交头接耳等情况，教师应更加密切地监督学生的表现。对于不够积极主动的学生，应多加鼓励和监督，使他们更好地利用有限的课堂时间。

指导性组织旨在教师协助学生提高学习能力和学习热情，同时有助于指导学生学习方法。随着教育理念的演变，教师扮演的角色已从传授知识的人转变为学生的引导者。高职教育注重培养学生的实际操作能力，学生在实践中可能遇到多种挑战。这样，老师就能够满足学生的问题需求，与他们互动交流，参与团队项目的研讨，以及根据学生的个性化特点进行差异化辅导。教师通过加强学习的驱动力来引发学生的学习兴趣和渴望，这种驱动力被称为诱发性组织。因为翻转课堂注重个性化教学，所以一些学习能力较强的学生可能会提前完成课堂上的学习任务。在这种情况下，教师需要时刻关注学生的学情，为他们提供更具挑战性的任务。在学生中可能存在缺乏积极性的情况，为此，教师在分配小组时应该尽量让每个小组包含2—3名学生，以避免出现小组成员偷懒的状况。除此之外，学生们还可以互相对彼此的表现进行评价。每节课都可以根据小组表现的结果进行表扬或批评，目的是鼓励学生找出问题所在并予以指导。教学活动的组织管理需要考虑学生的个体差异来进行制定。为了促进学习氛围，需要对那些学习纪律不严、风气不佳的小组进行有针对性的管理措施，例如规范课堂行为、引导养成良好学习习惯等，以形成更好的学习氛围。如果小组能够营造良好的学习氛围，则可以使用指导性管理方法来帮助学生提高他们的自我管理能力。

3.翻转课堂的学习支持

学生学习过程中必然会面临一些问题，因此他们需要从外部获得学术和非学术方面的支持和帮助。其中，老师、同组的同学或其他人均可以提供帮助，旨在帮助学习者成功克服困难并解决问题。支持学习贯穿整个翻转课堂教学过程,既包括课前预习,又包括课堂教学活动。支持学习是确保学习效果的重要因素,而概念支持最初源自远程教育领域。在远程教育中,学生和教师之间存在时空差异,学生在自主学习过程中可能遇到相关课程问题、学习方法上的障碍,以及可能出现负面情感如厌学等。为了使学生能够顺利完成学业,需要为他们提供支持和帮助来解决所遇到的各种困难。在翻转课堂教学中,最初的自主学习阶段与远程教育相似,学生独自在宿舍通过电脑学习。这导致教师和学生在空间和时间上分隔,需要有相应的学习支持来应对这些挑战。在使用翻转课堂这种独特的教育模式时,学生需要更多地接受来自教师、学校以及社会的支持和帮助,无论是在课前自我学习的阶段还是在授课活动期间。当前,这种需求与日俱增。

当采用翻转课堂的教学模式时,学习者需要得到三种不同类型的支持:课程支持、学习方法支持、情感支持。课程的支持可分为两个方面,一方面是提供课程相关信息的支持,另一个方面则是为课程本身直接提供支持。课程相关信息涵盖了课程的安排、作业的发布和提交,以及对课程的评估等内容。与课程内容相关的支持包括提供咨询帮助、解答疑问等,以协助学生深入理解和学习课程内容。可提供有系统性的整理归纳,以及深入阐述课程重点难点的视频专题讲解。学生可以反复观看视频,并以老师的思维方式为范本进行模拟,同时还可以把专题视频作为期末考试的备考资料,加强复习。

教师应该重视培养学生的学习能力,不断改进学习方法,以便更好地支持学习者。因为翻转课堂的学习方式与传统课堂不同,所以老师需要为学生提供适当的辅导和支持。首先,让学生掌握充分利用网络资源的能力,并掌握使用搜索引擎查找资料的方法。其次,必须增强学生利用网络互动进行交流的技能。举例来说,可以通过建立班级群组的方式,让学生实际动手学习课程内容,并积极与同班同学互动交流。此外,协作学习能够促进学习者之间相互合作,实现彼此之间的相互作用和互惠互利。学习者可以互相分享学习资源,并且利用他们自身的动力和积极性来推进学习。协作学习是指教师将学习内容划分成小组任务,让每个小组成员根据自己的分工承担特定角色,共同协作完成学习目标。在作者的翻转课堂中,采用了充分的协作教学,将学生分成小组完成相应的教学任务。在使用协作学习时,我们需要对其方法有一个明确的理解。一般来说,执行常见的方法时需按以下五步进行：任务引导、指导阅读、组织协作、引导发言、最后进行总结点评。在进行合作学习时，任务引导是非常关键的。要制定好的任务，需要考虑以下四个要素：任务大小适合、任务覆盖的知识点全面、任务表达明确易懂、角色分配合理。一旦学生确认学习任务，他们需要积极搜寻相关资料，此时教师的指导便显得尤为关键，教师应该教授学生如何系统地收集有关信息并整理资料。然后，需要组织协作。在这一过程中，教师的角色是协作的协调者和观察员，而学生则处于协作的主导地位。在小组交流中，教师应该发挥辅导和协助的作用，而不是扮演主导者的角色。合作不仅局限于团队内部，也可以跨越不同的团队进行。在这个阶段，我们将带领各小组汇报他们完成的工作情况，并对本组成员的贡献进行评估。完成综合评价的最终阶段是依据预设的评估标准，对各个方面和对象进行不同形式的综合评估。这可以被视为对问题解决度的评价，或者对分组任务完成的总体评价，或者关于小组成员达成目标情况的评价。

在翻转课堂教学中，除了知识传授，情感支持也尤为重要。情感支持是指学生与教师、学生与同学之间情感上的互动和支持。这种互动不仅能激发学生更广阔的思维，还能增强教师的教学自信，促进学生学习效率的提高。在学习过程中，教师和学生之间建立了相互依赖的联系。建立良好的学生和教师关系非常关键，因为教师的评价会直接影响学生对自己的看法。在翻转课堂的教学模式下，教师需要经常对学生进行教学评估。在进行评价时必须以客观公正为原则，以确保教学工作能够顺利开展。同年级的学生之间情感共鸣较强，因而易于进行情感交流。于此，彼此学习互相启迪是可行的，老师可以设立学习榜样来激发其他学生的学习动力。在应用翻转教学模式时，教师应重视那些表现出色的小组和个人，并在课堂上给予赞扬，以激励其他小组和个人的学习。这能够激励学生的积极性，提高他们的学习效果。通过小组活动中的竞争，如绘画和猜谜游戏，可以促进学生们的积极性、增进同学之间的交流以及分享经验，这有助于提高他们的学习效率。

（四）翻转课堂在高职教学中的作用

对比传统教学和翻转课堂教学两种方法，我们发现翻转课堂可以激发高职院校学生的学习热情，改善教学质量。它的应用可以有效地增强教学效果，在高职院校推广具有重要意义。

第一，采用翻转教学的方式，可以帮助学生建立良好的自学能力和自主学习习惯，让他们更有效地掌握知识和技能。当学生通过自我努力取得进步并得到同龄人的认可时，会引发他们的成就感，进而对学习产生浓厚的兴趣。第二，采用翻转教学的授课方式，老师可以更加自如地教授课程内容，摆脱应试教育的束缚。大多数中国的高职院校都采用应试教育的方式进行教学，这种教育模式让学生在课堂上只听老师讲解，而在课外他们则需要花费大量时间做练习题，以提高他们在考试中的成绩。然而，这种教育方式并没有为学生提供应用已学知识的机会，最终导致学生的实际语言水平和听力交流能力不足。即便有些教师注重学生的能力培养，他们往往也会因过多应对考试的需求而忽视学生的实践能力的提升。通过采用翻转教学模式，我们能够改善应试教育的状况，并促进我国高职教育的迅猛发展。第三，充足的课堂活动时间，使得教学能更加灵活多变。借助翻转教学的方法，能够增加课堂内的交流互动时间，使老师有更多的机会，安排更多类型的生动活动，例如小组研讨和角色扮演等。通过多样化的课堂活动，学生们可以在充满乐趣的环境中学习，同时也有助于破除传统单一的背诵教学方式。第四，翻转教学鼓励学校教师资源的共享，有助于解决学校师资力量不均的问题。借助翻转教学，在不浪费人力和物力资源的前提下，学校有效地整合了各种可行资源。经验丰富的教师可以录制自己的授课视频，供全校其他教师参考，也可以上传到网络上供学习者观看。学校管理团队的职责是规划和协调教学研究，以充分发挥教师的潜力，并提高课堂教学水平，达到最佳效果。

"翻转课堂"教学对我国高职教育的改革具有双重意义——既带来了机遇，也带来了挑战。这种教学方式对学生养成良好学习习惯和提升学习能力方面产生了积极的影响。尽管翻转教学模式目前备受推崇，但在我们的高职学院中应用得不是很普遍。我们需要将翻转课堂与当前的教学改革相结合，积极应用信息技术辅助教学，改进形成性评估，全面促进高等职业教育教学质量的提升，以实现高等职业教育的实用目标。

总的来说，经过对翻转课堂在高职教学中的应用进行研究，我们认为翻转课堂是一种全新的教学工具和方式，可以明显地激发学生的学习兴趣，并不断提高他们的能力。目前，随着科技的不断发展，计算机技术已经被广泛地运用到教学班级中。多媒体教学方式直观生动，不仅能提升教学效果，还能减轻教师的工作负担，而翻转课堂教学模式能够借助信息技术手段，为学生提供更优质的学习支持。因此，应考虑引入翻转教学这一有效教学策略，在不影响教学内容的前提下，以期取得可观的教学成果，有利于推动我国教育事业的进一步发展。

二、高等职业教育与微课

（一）微课的内涵

1. 微课概述

"微课"的核心组成内容是课堂教学视频（课例片段），同时还包含与该教学主题相关的教学设计、素材课件、教学反思、练习测试及学生反馈、教师点评等辅助性教学资源。这些资源以特定的结构呈现，组成了一个半结构化的主题环境，形成了可应用性较高的教育资源单元。因此，微课作为一种新型的教学资源，与传统的教学资源类型有所区别，比如教学课例、教学课件以及教学设计和反思等单一资源类型。微课基于这些资源的基础上发展而来，具有其各自的特点。在当今社会，人们随处可见"微"的概念，例如"微信""微博""微店"等。微课的概念是在教育领域专家经过深入研究和大胆尝试后提出的，旨在应对当前社会背景下增长的教育需求。微课是指微型在线视频课程，其主要形式为微型教学视频。这些微型教学视频是为了配合课堂教学所设计的，内容囊括了课堂所学知识点，其资源可随时在网络上获取，让学生轻松学习。所有的课程资源都采用情景教学法的特点，这有助于学生更好地理解和掌握知识。随着移动互联网和手机应用程序的迅猛发展，微型网络视频课程得以快速兴起。最近，高职教学方面也出现了几个难题。例如，学校忽略了激发学生的学习热情，过度关注枯燥乏味的教学模式，以及不能跟上理念的更新等。以上这些问题给高职的教学质量带来了不良的影响。目前，高职教学中开始逐渐应用一些新技术、新发现，这是随着信息技术的不断发展而实现的。基于微课的"翻转课堂"教学模式，是一种将教育技术融入教学过程中的创新教学模式。与传统的翻转课堂模式有所区别，这种教学方法旨在改善高职教学效果。虽然微课小而精，但是因其量身定制的特点，它可以帮助教师为不同学生制定个性化的教学计划，帮助学生预习和复习课程内容，并提高其对于核心知识点的掌握。通常微课的时长为 10 分钟左右，重点围绕一个知识点展开深入讲解和阐述，旨在达成明确的教学目标。微课是一项新兴的教育资源，它的出现补充和扩展了传统学习模式，旨在提升学生的知识储备。

当前，高职教学面临着巨大的变革。不论是传统的授课手段还是新兴的校企合作方式，微课都能够很好地融入其中，发挥出独特的优势。通过这种结合，高职生可以更有效地提高自己的水平，同时帮助高职院校培养更多优秀的技能型人才，而这也符合高职院校的教育宗旨。

微课在时间、内容、形式上都体现出"微"的特点，通常要在10分钟内完成。要求内容简明扼要，仅需涉及特定知识点或完成相应教学任务。微课通常以多媒体终端设备的形式呈现，其文件大小通常在几十兆左右。因此，学生和教师可以使用各自不同的终端设备流畅观看微课、查看教案和课件。微课是一种通过专项课题活动的形式，在特定学科或专业领域的某一知识点或教学环节上进行的教学方式，其目的在于确立明确的学习目标。微课教学内容具备明确的主题，突出了难点和重点，符合高职学生的认知和学习能力。对于学习分析能力较弱的高职学生来说，与传统的45分钟课堂讲授相比，微课更易于掌握，因为它的内容简洁明了，目标也更加清晰。教师可以通过微课针对课堂教学中的难点和重点进行教学，让学生在课堂上利用微课进行自主学习和反复观看，以便快速掌握操作的关键和技巧。结合智能手机、平板电脑等移动设备的微课，能够让学生随时随地通过终端设备获取教育上的碎片化知识，便于知识的传递和共享。由于微课学习具有时间和地点的自由度，因此它更适宜作为学生独立学习的教育资源。学生可以随时通过多媒体终端观看微课学习，即使在课外实习场所，如企业实习或假期实习时遇到问题。学生在实习期间可随时对课程内容进行反馈和评估，以应对遇到的问题。实施高职院校与企业的校企合作项目需要克服时间、经费、硬件等多种困难和限制，同时还需要聘请经验丰富的专业教师进校授课。利用录制好的微课，兼职教授可以为企业内的学生提供授课，节省时间的同时还能充分利用企业设备进行讲授，从而解决了高校场地和设备紧缺的问题。同样的技能，学生们可以更容易、更直观地进行学习。

2. 微课的主要特点

（1）教学时间较短

教学视频是微课的主要构成元素。针对中小学生的心理特点和学习方式，通常一个微课的时间应该控制在 5 到 8 分钟之间，最长时间不宜超过 10 分钟。因此，相较于传统教学课例中的每节课长达 40 或 45 分钟的教学时间，可以将"微课"称之为"课例片段"或"微课例"。

（2）教学内容较少

与传统课堂相比，微课的主题更加清晰，因此更符合教师的要求。"微课"主要关注于针对某门学科教学中的特定知识点，包括重点、难点和疑惑内容，或者是反映某个教学环节或主题的教学和学习活动。相对于传统的一节课中包含多个教学内容而言，微课更加简洁明了。

（3）资源容量较小

通常而言，"微课"视频及相关资料的总体积小，通常只有几十兆左右。此外，为确保网络在线观看流程顺畅，视频格式应使用支持在线播放的流媒体格式，例如 rm、wmv、flv 等。这些资源不仅包括视频课件，还有课程附件和教学材料，师生可以方便地在线观看、查看。除此之外，这些学习资源还可以方便地下载到不同的终端设备上，如笔记本电脑、手机以及 MP4 等设备，可支持移动学习和"泛在学习"。同时，教师们还可以通过观看、评估、反思和研究这些资源，更好地应用于教学实践中。

（4）资源组成/结构/构成"情景化"资源使用方便

"微课"的教学内容具有清晰的目标和完整的主题，通过教学视频片段整合教学设计、多媒体素材、课件、教师反思、学生反馈和学科专家评价等相关资源，形成一个内容紧凑、类型多样、主题鲜明的"主题单元资源包"，从而能够实现一个真实的"微教学资源环境"。这样一来，"微课"资源就有了与视频教学案例相似的特点。通过这种真实、具体、典型的教与学情境，广大教师和学生可以轻松地学习高阶思维能力，如"隐性知识"和"默会知识"。同时，教学观念、技能、风格也能够得到提升，模仿、转移和改进也能更加方便。如此一来，教师的授课水平可以快速提升，专业能力也可以得到提高，同时促进教师的个人成长，而且能够有效提升学生的学业水平，产生显著的教育效果。在学校教育中，微课已成为重要的教育资源，不仅被教师和学生广泛使用，还成为学校教育教学模式改革的基石。

（5）主题突出，内容具体

每门课程都聚焦于一个主题或内容。研究聚焦于具体的教育教学问题，可能源于对生活的思考、教学实践的反思、难点攻克经验，以及重点突出的需要等方面。此外，研究的重心可能还涵盖了实际问题、个人成长以及与同龄人共同解决的问题，例如学习策略、教学方法和教育教学观点等等。

（6）草根研究，趣味创作

因为课程内容简明易懂，所以任何人都可参与课程的制作。而由于课程的受众为教师和学生，因此设计课程的主要目标是将教学内容、教学目标和教学方法相互融合，以达到有效教学的效果，需要把重点放在实际教学的需求和实际问题上，而非仅仅为了验证或推导理论。因此，研发的内容应当涵盖教师所熟悉的领域、激发他们的兴趣，并且有助于解决实际问题。

（7）成果简化，多样传播

因为该研究翔实而重点突出，所以研究的内容表达清晰明了，能够方便地转化为实际成果。由于课程的容量较小且时间较短，因此它可以以多种方式进行传播，比如在网络上传播视频、通过手机进行传递，或在微博上进行讨论等。

除此之外，微课是在信息化快速发展和课程改革的大环境下兴起的，它将学习内容和方式融合在一起，形成了一种全新的教育模式。随着无线网络和数字化产品的普及，微型课程模式将成为越来越受欢迎的在线或移动学习方式，甚至可能领导当前的在线教学模式和学习方式。

明确的方向性微课以知识点为基础，通过有代表性的教学内容或问题的设计，使教学导向清晰，突出重难点，有针对性地进行重点讲授、分析答疑等活动。此外，微课的教学内容设计符合学生的学习模式，采用了系统化、简明易懂的方式，可供不同层次的学生自主学习。微课因将知识点或教学环节分门别类，易于操作和传播，因此具备广泛的应用性。此外，微课的制作过程并不复杂，而这也使其成为一种简单而可行的教学工具。只要使用多媒体工具，例如制作屏幕软件或 PPT 课件，就可以录制微课。需要特别留意的是，在制作微课时，我们的目标并非单纯地重复教科书上的内容，而是通过进一步深化和拓展原有课程的知识点来实现教学目标。微课是一种将课程拆分成小教学单元的教学方法，目的在于方便学生自主学习和检验所学成果，无论地点和时间。这样短时间间隔的学习方式有利于满足学生的学习需求且符合他们的认知规律，同时也可以提高教学质量和学习效果。

（二）微课引入高职课堂的意义

1. 微课在高职教学中的功能体现

微课是一种新兴的教学方式，许多教育工作者和研究者正致力于探讨微课的内容和特点，并在不断的讨论中提高微课平台的教学效果和创新设计。这种教学方式得到了许多高校的重视和应用，以此推动知识传播和教学的发展。通过综合研究，我们可以得出微课的若干个显著特点：微课注重微小的细节方面，无论是时间、内容还是形式，都呈现出微不足道的特质。相比于传统的课堂时间控制在45分钟左右，微课的时间更短，通常是控制在10分钟左右。在内容上，要求简洁明了，只需讲解特定的知识点或完成教学的某个环节。微课以多媒体终端为呈现形式，其独特之处在于数据量小、网络传输和分享的方便性。微课的特点主要表现在以下几个方面：第一，微课是在专业知识的某一知识点或教学环节专项课题活动的基础上展开的，有较为明确的目标；第二，微课的目标非常清晰，就是为高职教育教学环节提供服务，保证课题研究项目开发顺利进行；第三，教学指向明确。微课针对具体知识点和教学环节，通过资源设计和教学活动来实现，因此，它是专门为某个专业课程的设计和制作而开展的。

在设计微课教学时，应注意与课程主题和教学场所的相关性，并充分利用学校内外的实习基地。通过以实际工作任务为主导的模拟或真实情境，有效地结合专业理论学习和职业技能培训。教师和学生都需要遵循相关的教学主题来统一着装，同时使用教学工具来营造一个情境明确的学习环境。这种做法可以有效地培养学生的综合职业能力，而在日常教学中很难达到。微课简练且详细，将隐含的知识变为明显的表达方式，可建立有效的教师和同行、行业界的交流和评估机制，从而提高教师的专业素养水平。这种教育资源因为视频长度适中，使学习者可以更加专注地学习，因此在共享和交流方面更具有效性。它的小数据量使得其在网络中分享和传输更加便捷，这有助于推动教师之间的合作交流。微课学习具有时间和地点的自由度，可以成为学生自主学习的重要资源，同时也使得学生能够及时地评价和反馈课程内容。通过与在线学习者互动并总结他们对课程的反馈，教师可以进一步优化教学方式，以达到更加出色的教学效果。

2. 微课引入高职院校教学的现实意义

在探讨微课在高职院校教学中的应用方法之前，需先从各个角度分析微课的教学作用。研究和实践表明，微课具备多个优点。

（1）促进学生自主学习，开创学习新体验

高职学生的学习受情绪影响较大，他们对所感兴趣的内容更具有学习动力，而对于缺乏吸引力的内容则难以取得好的学习效果。因此，在授课中需要将社会实际与教学相融合，致力于激发学生的学习热情，从而提高学生的学习效果。相对于传统的课堂教学方式，微课制作需要教师进行认真策划和精心设计，以确保教学内容和教学设计的高度质量。尽管微课时间很短，但教师需要花费大量时间和精力进行前期准备，目的是避免微课变得像传统课堂教学那样单调乏味和像理论讲座一样枯燥无味。作为高职高专教育的一大特色，实践教学在学生中的受欢迎程度明显高于理论课程，因此在微课的设计中，加强实践教学环节非常必要，可以引发学生对学习感兴趣，让他们在愉快轻松的环境中完成学业，为他们带来崭新的学习感受。

（2）展示教师教学风采，促进教师专业发展

通过微课展示，高职教师不仅能够清晰地解释某个知识点，而且能够宣传自己，提高知名度。通常来说，高职院校所传授的技能和技术性知识，会采用教师演示和实地示范等方式进行传授，这种方式具有直观性和情境感。即使教学水平较高的教师，在传统的课堂教学模式下也只能在学校内向自己的班级进行授课和演示。因此，优秀教师在课堂上所创造的积极效应无法得到及时而广泛的传播。当使用微课时，那些出色的微课作品将受到学习者和专业人士的褒义评价，这些评价将成为教师积极成长的最佳动力。此外，教师还能利用微课平台与网友互动，以促进交流和沟通，并共同探讨个人的优缺点。在这个互动的过程中，教师会持续尝试和改良教学方法，以提升自己的教学水平，并进一步优化教学效果。

（3）拓宽知识传播覆盖面，倡导移动学习

目前，全球正在进入互联网时代，人们正在逐渐摒弃传统的媒体形式，例如印刷物、书籍和杂志，转而采用网络媒体获取信息。随着网络媒体如微博、微信等的广泛普及，人们获得信息和相互交流的方式也在逐渐改变。在这个微时代，

人们更愿意通过手持移动设备来浏览微博、阅读新闻与观看视频，这已经成为绝大多数人，特别是年轻人日常生活中必须有的组成部分。因此，网络媒体授课的方式对高职院校学生来说是具有相当大的吸引力的。微课是一种利用互联网和移动终端设备来支持课堂教学的形式，它的优势在于利用网络媒介可以迅速扩大知识和技能的传播范围，从而使更多的人受益，同时也可以拓宽知识和技能的传播渠道，提高传播的效率与效果。

（4）搭建教师交流平台，优化教学能力

通过微课，教师能够呈现出他们的教学技巧，同时其他教育机构和培训师也能借助网络呈现自己的教学和培训方式。这种互相交流可以帮助教师探讨如何改进教学方法、教学设计、教学改革和教学效果等方面，也可以讨论有关如何满足学生社会需求、教师如何自我提升和如何优化教学效果等问题。通过这种交流，教师们可以及时更新知识，解决教学上的难题。

变被动学习为主动学习，提高学习效率。许多职业学院的学生存在学习基础薄弱和缺乏实用的学习策略的问题。学习氛围较为欠缺且学习效率低下，但可喜的是，这类学生通常对于新奇事物保持高度兴趣。微课以视频形式呈现原有课程，生动、形象地传达问题，故事情节曲折生动，吸引学生钻研，兴趣倍增。视频中微妙地蕴藏教学内容，同时激发学生自主学习，从而大大提升了学习效果。这一转变使得学习具有更加主动性，让学生快速而轻松地掌握知识。这能够帮助学生更好地理解技能训练中的关键和棘手之处。

微课有利于学生掌握技能训练的重、难点。高职教育注重培养学生的技术技能，这方面需要学生通过观察来掌握操作方法，与理论课程不同。微课通过将技能训练的难点剥离出来，并制作成简短而精练的视频，帮助学员更好地掌握相关知识和技能。因为视频时长不长，因而学生们可以反复观看，更容易保持学习状态。

微课有利于学生的差异化自主学习。在传统授课方式中，教师通常为了迎合大部分学生的接受能力，在课堂上进行详细的课程讲解和演示。然而，不同学生具有不同的学习能力，因此某些课程内容可能会在课堂上难以理解，而利用微型课程实现个性化教学，能够帮助学生在发掘自身潜能的同时，有效提高学习效果。

微课有利于提升教学质量。为了制作微课，教师需要重新构建课程知识，并用视频制作来展示教学内容。教师可以利用微课平台，从学生的反馈和意见中汲取经验，进一步完善课程的设计。此外，教师还可以利用微课平台来积累教学经验。通过让教师创建微课并进行教学，可以充分展现微课的自主性和互动性等特点。

（三）微课的设计原则及其在教学中的应用

为了解决高职教学中的各种问题，可以充分发挥微课的特点和传统课堂教学的优势，相互协作和增强，以达到问题解决的目的。微课的设计应符合以下几项原则。

1. 聚焦原则

微课的主要特点是"简洁明了、突出重点"，体现在微课的内容与时长两个方面。微课的效果取决于所选知识点的处理和呈现方式。在规划微课内容时，应根据学生的学习习惯和阶段特征，筛选与课程难点和重点相关的知识点，并确保每个微课只涉及一个知识点，以达到深入讲解的效果。在微课视频制作中，考虑到学生的持久注意力有限，应该控制视频长度在10分钟左右。这也表明教师需要在日常课堂教学中定期改变课堂活动，例如讲故事、展开讨论等互动，以延续学生的注意力和学习热情。

2. 以生为本原则

微课的设计与传统的课堂教学不同，它需要让学生主导学习，而不是以教师讲授为主。因此，采用多样化的教育工具和方法，旨在激发学生积极思考和主动学习的能力，以此提高课堂教学效果并促进学生成果的提高。在设计微课时应将学习者放在核心位置，并充分利用现代信息技术，鼓励学生积极参与并自主使用微视频进行学习，从而实现掌握方法和"授之以渔"的教学目的。

3. 交互原则

在设计微课时，交互原则是不可或缺的。在教学过程中，要实现教学目标必须考虑到三个核心要素：教师、学生和教学方法。要达成教学目标，必须将这三个组成要素有机结合，并激励教师和学生积极参与，从而最大限度地激发学生在学习过程中的主导作用，让教学过程更有效地互相推动。所以，在微课的制作过程中，设计者应用图像和动画的方式将抽象的思想和表述显现得生动活泼，让它们更加容易被理解和记忆，同时吸引学习者的眼球和激发学习的动机，为面授教学的相互作用奠定牢固基础。

微课是教学创新的一种，随着信息化时代的发展趋势，它已经成为高职学生所必备的一种流动学习途径。微课提供了生动形象的教学视频，对传统教学模式进行了有益的补充，对于高职学校提升教学质量并推动教学改革具有重要意义。

4. 吸引原则

教师开发的微课需要具备吸引学生这一"消费者"的能力。作为微课开发者，为了使微课成为资源建设的重要支柱，需要从高职高专学生的角度出发，聚焦于他们的需求，并着手解决相应的问题。在这方面，我们可以从微课的易于理解和具有吸引力的特点着手，加强微课的教学设计和呈现方式。微课的研发应该追求让"消费者"被吸引住，教师需摒弃开发者的自负态度，以适应高职高专学生的认知方式，从而打造出符合他们需求的微课。为了充分利用这种学习资源并让学习者收获丰厚，需要确保学习者多次观看并不断重复学习。

5. 效用原则

高职院校教师为学生开发的微课必须保持"微小"的特点，同时也应该确保这些微型资源对学生有实质性的收益。微课开发者应该避免抓住时髦或者迎合无意义但外表华丽的资源，而应把重点放在有实际教育或学习价值的资源上。如果没有遵循这个原则，所有微课教学都无法成功实施。

6. 灵活原则

微课可灵活应用于课程的多个阶段，例如在课前、课中或课后。在上课之前，学生有自主学习微课和预习教材的机会，这有助于他们在课堂上更好地交流并深入理解相关的问题，直到掌握必要的知识和技能。在课堂上使用微课是将其视为教学资源，教师会在教学中集中播放微课，以便帮助学生更好地理解重难点知识，使其更形象且直观。换句话说，微课为教师提供了一种有效的教学工具，以便更好地向学生传授知识。下课后，老师会提供微型课程供学生学习，其中包括可反复观看的课程录像，以确保每个学生都能理解上课讲授的内容。这种方法有助于鼓励学生独立复习和多次学习，以便他们可以掌握所学内容。

（四）微课在高职院校教学中应用存在的问题

1. 内容信息量大，中心不明确

过多的常规课堂教学目标和大量的信息导致教学难免会出现难点模糊、重点不突显的情况。同时，学生的专注时间非常有限，而且他们的学习水平和接受能力存在差异。因此，即使教师需要按照教学计划进行安排，也只是简单地罗列知识点，无法将教学目标适应于学生的认知水平，而这会对教学和学习效果产生影响。微课制作的核心是以知识点为中心，每个微课都着重于讲解一个具体的知识点，时长一般不超过 10 分钟，重点突出，以满足不同学生在学习上的需求。因此，微课教学能够明确具体的目标，并且更具有针对性，更容易引起学生的注意，从而使得教学效果能够得到提升。

2. 个体差异明显，学生参与度低

在传统的教育模式里，一个班级里的学生非常多，他们的知识和学习能力都有所不同。这样一来，老师的时间和精力无法为每个学生提供专门的关注和协助，而那些成绩较差的学生就会被疏忽。此外，传统的课堂主要以教师为中心，并缺乏师生之间的互动。这种教学方式缺乏吸引学生注意力的元素，导致学生缺乏参与热情，课堂氛围较为消极。因为每个学生的起点各不相同，所以教师需要兼顾不同学生之间的差异性，并且保证整体教学进程，这将是一项相当具有挑战性的任务。因此，常规的课堂教学方式阻碍教师根据学生的实际情况进行灵活的教学和进度调整。而采用微课的形式，可以在不影响文字涵义的情况下，改善传统教学的不足，采用具有灵活性的移动化教学方式，有助于各级别的学生达到定制化的教学目标，还能够激发学生的学习兴趣和积极性。

3. 教学资源匮乏，课堂气氛沉闷

目前，在许多高职学校中，仍然存在着教学资源紧缺的困境。课程的教学内容主要来源于课本和辅助材料，然而高质量的信息技术教案却比较稀缺。这种单一的教学方式不符合高职学生偏好多样化的认知方式，因此导致课堂形式呆板单调，内容缺乏趣味。这让学生难以对学习保持兴趣，从而显著降低了课堂教学的水平。在这种情形下，创作符合信息化时代的教学资源——微课是一项非常优质的选项。它所运用的生动、简洁、富有趣味的授课方式，能够激发学生的学习热情，提升他们的学习效益。

（五）微课在高职院校教学中应用的发展策略

为了在高职教学中有效利用微课，我们应该对微课的核心理念拥有精确的认识，并坚持以"学生为中心"的教学思想，同时全面考虑高职学生的学习特征，以满足他们的学习需求。微课的设计需要准确地呈现教学内容的难点和重点，同时突出其关键性。在创作微课时，应根据职业教育的要求，结合学生的认知规律制定合理的策略，以确保微课内容的正确性和有效性。另外，为了促进教师微课制作技能的提高，可以考虑为他们提供微课制作的理论培训和展示优秀微课的机会。这样，教师们就能够不断提升他们在微课教学方面的设计能力。为了让教师们更擅长制作微课，应该提供视频录制、剪辑、合成和后期处理等技能培训课程。为了进一步提高教师的信息化水平，可以组织相关的培训、学习和互动交流活动，同时积极推动教师参加各类微课比赛。

微课教学受益者直接面向学生，将学生打造为微课教学的主要承受者和使用者，学生可以通过微课自主学习并实现个性化教育。事实上，在微课的制作过程中，学生有机会积极参与并为教师提供有益的意见和建议。当学生积极参与微课制作时，教师制作的微课可以更好地满足实际教学需求，同时还能促进学生自主学习和个性化发展。

1. 整合微课与现实课堂关系

当教师将微课融入课程教学时，需要注重微课与现实课堂的结合，将微课视为一种小型视频教学素材，有机地融入现实课堂。微视频在课堂中有多种功能，例如：可以用来介绍课程内容、解释重要概念、演示操作过程或用作课后练习。在教学过程中，应该灵活应用微视频，以满足课堂实际需求。为了更好地将课堂教学融入实际，需要关注教学策划。这包括对学生状况、教学目标和课程内容进行分析，以便根据不同班级的实际情况制作相应的微课。此外，还需要提供一些辅助教学资源，以便学生在课后更好地学习。

2. 开通微课教学支持服务渠道

微课并不只是简单的视频，它还包括了丰富的内容，因此需要一个全面的教学设计来支撑它。其中，教学支持服务扮演了至关重要的角色。教学支持服务提供了多种形式的学习支持，比如辅助学习工具、学习路线、支持、同步和异步学习、协作和讨论等。此外，教学支持服务还提供相应的学习资源，以及不同难度和形式的练习和反馈。在这些服务中，学生可以找到适合自己的学习方式和工具，以辅助自己获得知识和提升技能。教学支持服务的职责是在线辅导，为学生提供充分的学业支持和指导，确保学习进程顺畅、目标明确，避免学生迷失在学习内容过于零散的困境中。此外，我们还需要加强教学支持服务，促进师生之间在线交流工具的同步和异步使用，以便让学生随时随地进行学习，同时将正式课堂和非正式学习衔接起来，实现无缝连接。

3. 推动学生养成移动学习的习惯

随着网络时代的到来，微课作为一种新增的广泛应用的社会性工具软件，在教育领域也将具备广泛的应用前景。微课是一种非常实用的学习形式，它能够满足学生个性化学习和选择性学习的需求。除此之外，微课还有助于学生查找和填补学习中的缺失部分并加强知识体系。微课可以是传统课堂教学的重要补充，特别是针对技能型人才的培训，微课可以直接提高他们的专业技能水平。由于手持移动数码产品和无线网络的普及，人们对"微课"的移动学习、远程学习、在线学习和"泛在学习"的需求正在不断增加。随着时间的推移，"微课"变得越来越常见。但是据实际考察显示，高职高专学生更喜欢用移动设备来玩游戏、聊天、网购、刷微博微信等娱乐活动，而并没有将其视为主要的学习工具。因此，教师和学校肩负着促使学生主动养成移动学习习惯的责任。

4. 建设系统性微课资源体系

为了有效整合微课的碎片和片段，需要对其进行分类、分组，同时采用多种不同的资源类型，按照一定的结构方式进行有意义的组合，形成一种分散且非线性的网状结构，从而实现有效的关联和呈现。完成高职微课设计的初稿后，需要经过同行教师、学生和企业界人士的审查和实践验证。在微课的交流和实践中，需要不断改进微课，重点在于如何与其他微课资源相连接，同时在教学需求和环境变化的情况下不断进行更新和完善。只有这样，学习资源和教学内容才有活力。要实现学习资源的动态生成，必须得到教师和学生的实时评价和反馈。教学反馈是一种程序，其中，教师研究学生的学习状况，同时对自身进行反思。通过微课学习平台的学习足迹记录功能，学生可以全面了解自己的学习情况，有助于更好地规划个性化的学习计划。此工具也可用于帮助教师分析自身的学习情况，以便在教学活动中更精准地发现和弥补不足之处。因此，微课的前端分析和设计可以通过接受评估和反馈来获得改善建议。

目前，微课已经成为高职院校广泛使用的新型教学资源，并且已经取得了初步的成功。但在推动高职院校学生的正式和非正式学习方面，如何更有效地整合微课设计、开发和实施，并将其与实际应用场景相结合，仍然需要进一步研究探索。随着微课等新型教学资源的推广，我们有望通过更深入的实践和实证研究来解决这些问题。这些努力将会创造更多有益成果，并会与大家共享。

第二节 信息化背景下高等职业教育的产学研合作

高职教育需要通过产学研合作教育来培养多才多艺的技术型人才，这也是高职教育达到特色化发展的必需措施。教学是产学研关系的基础和核心，而科研和生产则是为了支持和服务于教学。人才培养是连接产业、学术界和研究机构的纽带，构成了产学研结合的框架。高等职业技术教育旨在培养具备创造性的实践能力，在生产和服务一线能够进行规划、决策和智能操作等任务的技术型人才。该教育注重培养学生不仅具备扎实的理论知识，同时也要拥有强大的技术实践能力。为了达成这个目标，需要创造一个良好的实践教学氛围和工程教育氛围。在信息技术迅速发展的时代背景下，高职教育应该紧抓发展方向，将教学、科研和生产紧密结合起来，形成统一化的办学模式，多层次培育学生。从教育规则和实践阅历来看，这是最关键的，有助于促进高职院校的进步。

一、"产学研合作教育"与"产学研结合"的区别与联系

（一）两者的主要区别

1. 提出的背景不同

科技是确保实现社会主义现代化的重点，而教育是这个过程的根基。在20世纪末期，我国深刻总结了发达国家经济发展的经验和教训，尤其是美国，强调产学研合作的重要性，因为这是影响国家综合实力增长的重要因素。鉴于产学研结合对于促进经济进步以及提高国家的综合实力具有重要的促进作用，我国视之为提升国力的重大措施，并因此于1992年启动了产学研结合的工程。

2. 基本内涵不同

"产学研结合"是我国对高校和科研机构的新需求，要求它们建设紧密的交流合作制度，共同推动企业和高校、科研机构之间的合作发展，寻找一条适合中国国情的产学研之路。其基本内涵是要实现产业、学术界和科研机构之间的深度

融合，共同推动经济社会的发展，以经济为核心，以科技人员为主体，并旨在将科技成果转化为工业化生产。"产学研合作教育"是一种行之有效的方法，用于培育满足我国当前对技术应用型人才的需要，是在特定局势下，我国采用的对合作教育特有的称呼，其中，产学研合作教育的核心是教育，主体为学生，旨在促进学生提高适应社会与生产的能力。

3. 整合的要素不同

"产学研结合"指的是生产企业、高校和科研单位的合作，但现在政府、金融、投资和贸易部门也都会参与产学研合作，这进一步促进了合作的发展。通过将知识要素和生产要素与资本要素结合起来，可以促使它们之间相互影响，同时也可以多方面地促进产、学、研和政、贸两大社会部门之间的经济关系。在这种结合下，我们可以实现高投入、低风险和高效益的共同目的，使学术领域的智力优势转换为企业的技术优势和市场优势，并保证科技成果的有效价值实现。产学研结合的基础属性是通过源泉、动力和导向的紧密结合来推动合作，学术研究机构和职业教育学院是知识创新的核心，也是知识优势的根源；企业是动力的源泉，也是技术创新的主体，直接创造物质；导向是政府和经贸部门的联合体，政府代表国家利益，经贸部门代表市场需要，共同制定产学研结合的发展道路。

"产学研合作教育"是将教育、科技和生产三者的教育功能有机结合，贯穿于高职教育的全过程，使其内涵更加充实、外延更加扩展。这种合作有助于积极研究在社会主义市场经济条件下高职院校如何培育人才，突出高等职业教育的特点。通过高职学校内外的教育资源且充分发挥其作用，营造适合培育高素质技术应用型人才的空间。改善人才培育方式，以适应科技进步所带来的产业和职业结构的变化，加强培养职业技能和应用能力。在高职院校中，动力是教学的核心，因为高职院校是人才培养的主要渠道，是直接塑造合格人才的重要场所。市场需要培养学生的技术应用能力，这为"产学研合作教育"制定了发展方向。

（二）两者的联系

人才是科学技术发展的基石，因此这两者密切相关，存在紧密的联系。随着科技发展带来的产业、职业结构的不断变化，职业岗位也相应发生了改变，因此要求强化职业技术应用能力，以培养适应这种变化的人才。这不仅是企业招聘的直接需求，也是高职学校培养人才的目标。

科学技术在产学研三者关系中扮演着重要的角色。它不仅是生产力和教育的整合者，还是促进社会、地方经济发展的关键点。通过传播科学技术，促进拓宽市场，同时实现教育和产业、企业发展的共同目的。

"产学研合作教育"需要建立在"产学研结合"的基础之上。换句话说，教育功能要素是在生产力要素的基础上定向提升人才培养效力的。没有"产学研结合"，就没有稳固的"产学研合作教育"。所以，"产学研合作教育"可视为"产学研结合"的重要方式之一，在人才培育方向上呈现出一种定向的高级发展方式。

二、产学研合作教育的内涵与目标

（一）高等职业教育产学研合作教育的基本内涵

不同时期和国家对于产学研合作教育的基本内涵有不同的描述。

美国国家合作教育委员会认为："合作教育是一种独特的教育形式，它将课堂学习与在公共或私营机构中有报酬、有计划和有督导的工作经历结合起来；它允许学生走出校门，到现实世界中去获得基本的实际技能，增强学生确定职业方向的信心。"[1] 美国合作教育规模最大的东北大学在"全国合作教育大会"中对合作教育的定义是："合作教育是一种将理论知识的学习、职业技能的训练和实际工作的经历三者结合在一起，使学生在复杂且不断变化的世界中更好地生存和发展的教育方法。"[2]

世界合作教育协会的表述是："合作教育将课堂上学习与工作中学习结合起来，学生将理论应用于现实的实践中，然后将在工作中遇到的挑战和见识带回学校，促进学校的教和学。"[3]

尽管在国际上对于合作教育的含义的解释可能存在微小的差异，但其核心理念是相同的，即合作教育是一种教育模式，将学生的课堂学习与有薪资、有规划、有指导的实际工作经历相结合，并使这些实际工作经历与学生的学习内容及职业

---

[1] 陈解放. 合作教育的理论及其在中国的实践：学习与工作相结合教育模式研究 [M]. 上海：上海交通大学出版社，2006：39.
[2] 陈解放. 合作教育的理论及其在中国的实践：学习与工作相结合教育模式研究 [M]. 上海：上海交通大学出版社，2006：40.
[3] 柳佳刚，李泽军. 以合作教育提升计算机本科学生就业能力的思考 [J]. 中国现代教育装备，2011（7）：140-142.

规划相关联，换言之，这些实际工作经历是学生教学规划的一小部分。

迄今为止，在中国的高等职业教育领域，无论是理论研究方面，还是广大教育从业者，对于产业、学术、科研三方合作形成了教育模式这一概念，尚未达成一个共同的意见。但多年来的理论与实践探究表明，产学研合作教育的共识是以培育学生的综合能力和就业竞争力为核心，该教育模式通过将学校和社会（企业）两种教育环境和资源进行有机结合，以此培育应用型人才，以满足不同单位的需要。其核心理念在于促进产学合作，实现双方共同参加，目的是在不断发展的市场经济中培育出高素质的学生，以满足社会对人才的需求。

（二）高等职业教育产学研合作的目标选择

高等职业教育产学研合作的主要目标是：通过合作，正确分配产学研资料，从而完善人才培养的产业资本、人才资本和科技资本的配置，并提升教育资源的利用率。为了满足社会现代化建设的需求，支持地方经济和社会进步，需要培育具备综合职业能力的应用型技术和管理人才，以服务于生产一线的职业岗位群。同时，此举也有助于提高高等职业教育的教学质量。

在确定具体目标时，应考虑以下几个方面：

1.促进高职院校与企业的观念更新

尽管产学研合作教育已有十余年的历史，但总体而言，高职的思想观念和管理体系仍不足以满足经济和社会发展的需求。高职院校应该自我反思，更新理念，将加深与产业的合作视作改革高校管理体制、提升办学水平和人才培育质量、强化与社会的关联、强化自身办学实力的关键手段。纳入竞争机制可以刺激学校发展，发掘学校的潜能，并合理配置教育资源。依靠市场机制，慢慢地实现学校面向社会、自主办学和自我发展。根据优化配置、完善功能等规则，需要改变高职教育科技活动的组织方式和运行体系，建立起以应用研究、技术开发、技术服务为核心的科技服务框架。通过促进校企的交流合作，共同建立起信任、风险和激励机制，使得双方能互惠互利，共同承担风险并建立信任，达到资源的共享。

2.保持高职教育的可持续发展

在高职教育领域，实行产学研合作的教育模式是必需的，因为它不仅符合高职教育的内在需求，更有助于该领域的长期稳健发展。为了适应科技发展所带来的产业、职业、职业岗位变化，高职教育必须改变理念，根据社会经济的需求，进行教育思想、内容和方式的改革，以便更好地进行以就业为导向的专业技术教育。采用产学研合作的教育模式，有助于高职院校实现从封闭到开放的转变。这种模式可以让学校及时了解产业发展的状况、趋势、需求等，是探索企业所需技术型人才的最佳培养方式和道路，确保高职教育一直以职业素质为核心目标。这种积极适应经济和社会发展需要的教育方式，能够推动高职教育的连续进步。

3. 调整和更新专业结构

利用产学研合作这个关键点，加快办学速度。为了适应社会和经济的发展需求，并以人才市场的需要为方向，应该主动进行专业设置和调整，拓宽服务面向，调整专业方向，加强学科之间的联系，持续完善专业构造，并加大拓展教育服务市场。

（1）建立健全专业建设与改革工作的运行机制

通过大面积地进行社会考察和人才需求推测，针对行业和地方经济建设与社会发展的要求，制定新专业质量标准设计的规划，必须展开社会需求考察以验证当前专业的合理性，并展开毕业生考察，以系统分析专业的实际状况。专业设置需要得到专业建设指导委员会、相关行业和企业专家的讨论，促使他们在专业建设、改革以及教学开发等方面起到作用。

（2）根据社会发展和经济建设的需求，适时设置或调整学校的专业和专业结构

为适应国家经济结构的战略性变化，满足人才市场的需求，进而提高我们国际间的竞争力，我们需要采取主动的战略来适应经济的发展，特别是需要发展高科技产业、新兴产业、支柱产业和实现社会信息化。在加入WTO后，我国工业深入改革和创新发展，对人才的需求不断增加，因此我们应该根据人才市场的需求和学生的就业方向来设置专业。此外，专业的设置应该针对不同的技术领域，使得专业口径均衡发展，并与职业和技术升级的要求相适应，这样才能确保我们培养的高职人才能够满足行业需求和适应未来趋势发展。

（3）根据人才市场需求变化，不断丰富专业内涵，调整专业方向

传统的大批量单一专业设置方法需要被打破，以解决社会需求多样性、变动性与高职人才培养稳定性的挑战。考虑到大型企业的现代化程度、复杂的分工以及稳定的职位需求，我们根据不同岗位的要求，设立了一些更为专业、覆盖范围

较窄的专业。针对中小型企业生产规模较小、技术水平低、内部分工简单、岗位变动频繁的情况，培养多能而不只是单一专业的人才。建议设置专业覆盖面广、岗位群相关的专业，并对现有专业进行调整，形成覆盖面较广的专业大类，每个大类下再划分出几个专业方向。

4. 强化专业现代化建设

充分利用企业文化、技术力量、场地设备等高职院校可挖掘的显、隐性教学资源，打造高职教育的特色，促进产学研紧密协作，让学校和企业之间在信息、技术、设备和人才等方面进行全面沟通联系，将其融入人才培育中去，有助于高职专业和企业的同步发展。

在过去很长一段时间里，高职院校与社会的合作限制在向社会和企业运送人才，这导致企业成了实际的人才接受和应用方，并未参与到高职人才培育的进程中。利用产学研合作，校企之间可以互相合作，在给予企业高质量的员工和经济收益时，也使得企业得到了在市场经营中所产生的新知识、新理论和新技术。这些新的理论和技术不断地被纳入高职课堂，用以充实和改善教学质量，增强实践教学环节，活跃教学气氛，并加快了教学的改革速度。通过引导学生探讨现实问题并学习相关知识，能够让学生认识到学习和实践是密不可分的，并深刻理解新知识的实际应用，从而激发他们学习的热情，并进一步提升教学质量和教学成果。

5. 提高学生的综合素质

近代实业家、教育家张謇针对当时的历史条件指出："大世界今日之竞争，农工商业之竞争也。农工商业之竞争，学问之竞争，实践责任合群阅历能力之竞争，皆我学生应知应会之事也。"他倡导职业教育要"谋个性之发展；为个人谋生之准备；为个人服务社会之准备；为国家及世界增进生产力之准备"[①]。

产学研合作的教育模式旨在通过将教育环境与现场生产环境直接结合，为高职学生创建多层次的才能、认知和素养构造。这种教育模式不仅关注课堂传授的间接知识，更将其与实际经验和能力获取相结合，使学生能够通过这种多方面的教育过程获得基础的理论认知，并在实践中获取技术应用能力和相关的质量、效益、环保等认知，养成优良的个人习惯，成为企业迫切需求的人才。高职院校的学生通过实践，不仅可以深入认识企业，了解工作内容，还能够快速适应新的工

---

① 王毅，卢崇高，季跃东. 高等职业教育现代探索与实践[M]. 南京：东南大学出版社，2006：191.

作环境，节省适应期的时间。企业可以将学生的学习指导与就业指导相融合，以此为基础选取优质的毕业生加入企业团队，给予学生更多就业发展机会，从而大力促进学生就业。

6. 整合高职实践教学资源

高职院校踊跃寻找校企全程合作的新思路和方法，其中涉及广泛的领域。但在进行产学研合作时，整合社会和企业的资源，以促进实践教学的发展，是高职院校重要的合作实质之一。长时间以来，缺乏对高等职业教育的大规模投资导致学校面临经费不足的困境，进而导致高职院校无法提供足够的实习地方和设备，这样一来无法给予学生实践能力的培育，更无法实现培育学生技术应用能力的要求。由此可见，高职实习环境已成为阻碍高职院校教学改革的难关。积极进行校企合作，有助于强化实际操作阶段的教学和练习，使学生能够前往合作企业进行实习，亲自体验生产实践并学习生产知识。关键是高职学校需要与合作企业建立更紧密的关系，充分利用校外实习基地，发挥双方的特长，提高学生的实际工作能力。同时，高职学校也需积极与劳动、人事、行业、企业等进行合作，引导学校制定"双证书"制度，即学历证书和职业资格证书，实现教学、科研、生产的有机融合，加强学生的实践能力和职业素养，强化学生在市场中的就业竞争力。

三、高等职业教育产学研合作的条件

（一）高等职业教育产学研三者的内在联系

从教育的方向来看，教学、科研和生产三者存在内在的密切关系，它们一起组成一个体系。就在知识方面起到的作用而言，科研指的是探索知识，教学是传递知识，而生产则是运用知识。所以，高职教育需要实现"产学研合作"，将育人与科学、生产相融合，以提高人才培育质量和学校综合能力，达到资源共用和收益最优的目标，这是内在的需求。教学是产学研协作办学模式中的重点，高职院校作为社会教育机构必须坚持以教学为主的原则。高职院校所提供的教育涵盖了理论教学和实践教学两个主要方面。整个教学活动的基石是理论教学；实践教学是理论教学的补充和完善，是将教学、科研和实际应用有机结合的枢纽。高职院校要想生存下来，必须培育出足够数量的技术人才，这些人才需要满足社会发展和个人成长的需求。为了培育高质量的技术型人才，必须先采用适合的教育理念和培养方法，且为此打造相应的空间。学生需要具备多层次考虑和现实问题处理的技能，以适应技术型人才的技术应用特征和综合空间。而仅仅在校内学习很难发展出这种素质，高职教育应当与科研和生产实践融合，不断加强这种联系。因此，如果从培养人才的角度来看，建设密切联系、彼此支持的教学、科研和生产三者的教育模式，将会为高职院校培养人才提供更多渠道，也让改变教学方式成为可能。在产学研合作的办学模式中，科研活动充当着引领和连接产学研之间的角色。科研可以成为教学新方法和新认知的来源，同时也为培育学生的创造能力提供了一个途径。高职教育的需求与生产技术并行或领先其发展，所以，只是传承与掌握熟练的技能和经验是不行的，要把技术的开拓与转换探究作为教学过程的驱动力，将高职教育变为一个结合已知和未知探究且彼此转换的进程，以激励学习主体的主动性、求知欲。另外，科学研究连接了教育和生产，确保了高职院校能够步入生产范畴并给予社会服务。通过产学研合作，学校开发了给予行业和企业服务的市场，给予技术服务、开发和转化成果的平台，让学校的知识成果变成实实在在的物质和经济效益。此外，这也为企业获得先进技能，提高产品质量，加强市场竞争能力，拓宽将来市场，给予了智慧支撑。同时，稳固了校企合作关系，打造更坚固的"产学研"合作基础和环境，推动"产学研"合作向更高层次发展。教学、科研的发展与教育教学机制的改善密切相关，而这些都需要生产作为条件。随着工业化的推进，高职教育也随之产生和发展，两者相辅相成并互为必要因素，推动了现代生产的进程。在专业教育方面，生产活动被认为是最为关键的实践活动，因为它是推动认识和发展的主要动力。生产实践为教学提供了实践前提。有些难以用语言描述的经验和方法，还有职业素养，只有在具备领先和繁琐特色的职业生产空间中，通过现实体会才能够产生。因此，生产活动是高职教育实现独特教学方式的必要条件，也是实现高职教育特色的重要因素。高职院校参与生产阶段，缩短了学校与社会之间的间隔，增进了学校与社会之间的交流，并且为高职院校的职能本质供给了创新的来源。

（二）产学研合作教育人才培养的校内要件构建

通过对产学研合作教育人才培养的典型模式和成功的案例分析，产学研合作教育人才培养的构建，高职院校内必须具备相应的基础和条件，这些基础和条件可以归纳为平台体系、策略体系、结构体系和机制体系的群集以及群集内各要件的内涵与功能的变化、满足的程度、合理的选择和有机的组合。

1. 建立不同功能、不同层次的实施平台体系

（1）利用校外教育资源，在企事业及相关行业共建实践教学基地

实习实训条件是培养高职人才的重要物质基础。企业文化、技术力量，以及场地设备等丰富的资源，都包含在各种不同级别和类别的企业中，它们是高职办学最有用的特色教学来源。通过校外教育资源，让用人单位直接参加学校人才的培育阶段，能推动学校摆脱封闭式教学模式，提高人才培养针对社会需求的适应性。同时，能完善高职院校人才的培育，克服教学内容与现实脱节、教学方法不合时宜、实践步骤不充分的难题。不仅如此，这也能解决学生才能和素质培养不足、专业面较小、融入职场困难等现实问题，重点提升人才培育的质量。高职院校与相关企事业单位密切协作，共同打造校外实践教学阵地，能够提供稳固的生产实习、实习岗位和毕业实习机会。学生阶段性生产实习、岗位实习、毕业实习均在有培养任务的单位完成，单项实习、与课程相关工序实习基本上在实践教学基地完成，使学生能与真实的职业环境零距离亲密接触。

（2）发挥学校优势，吸引校外企事业单位与学校共建科技研发中心、实验（实训）室

学校拥有一支科研与技术开发方向明确、具有相当实力的研发队伍，采取多种形式加强与企事业单位合作实施课题研究和产品开发，共建具有确定的研究方向、具体领域的技术、产品、工艺合作项目等性质的研发机构，可促使企业成为学校科技项目的来源地，校企合作技术开发、科技成果转化的基地，学生进行科技实践的基地。同时，发挥企业在学生的专业理论联系实践中的桥梁作用，拓宽产学研结合的途径，在提高产学结合的广度和层次的基础上，同时也利用了企业的科研设备，大大改善了科研条件。吸引企业在学校内建设实训中心、实验室时，学校力求企业提供大部分关键设备，达到当前企业信息化管理全真的实训条件与环境，以及全套企业软件和设计系统。另外，学校能够利用学生毕业后分布广的特点，为企业的产品推广提供服务。

（3）引进校外智力资源，建设兼职教师队伍

学院从合作单位中选聘具有丰富实践经验的工程技术人员或基层管理工作者

等作为兼职教师，改善师资队伍结构。例如，聘任企事业单位、行业人员在校内兼任专业教师；学生在校外实践教学基地生产实践的全过程均有企业指定专业技术人员进行指导；在名牌大学、科研院所建立教师定向培训基地；聘请名牌大学、科研院所等单位的高级技术人员担任学校兼职教授等。

（4）主动适应社会需求，拓展校行、校政结合的空间

学院加大校政结合的力度，主动围绕地方经济与社会发展的需求，在地方行业中树立良好的信誉，赢得地方政府的信任。同时，积极加强与行业的联系，例如，发展工程技术研发中心、地方公共技术服务平台等科技中介机构。

（5）创建与社会联系的桥梁，积极稳妥地发展校内科技机构

这些科技机构均按现代企业制度建立平台，通过有效的激励措施，提高教师参与科技开发工作的积极性，提高校内科技人员与企业协作交流的能力，迅速拉近学校科技力量与市场的距离。通过市场化的运作和一定的资金投入，加快科技成果的转化，实现以专业带动产业，以产业牵动专业，使之成为专业联系企业的桥梁，充分发挥校内科技产业在产学研合作和对外进行科技服务方面的窗口作用。同时，校内科技机构为教师和学生学习提供开展科技实践活动的场所，拓宽培养教师和学生工程实践能力的渠道，促进教学与实际生产过程的融合。

（6）突出专业特色，建立专业师生工作（创业）室，并不断发展为校内科技开发规模体系

专业教师根据自身专业知识结构与实际操作能力，确立自己的主攻方向，成立有专业侧重的工作室，并与一家或多家企业定向结合开发新产品。教师工作室公开在全校范围内招聘学生，进入工作室的学生有各自的岗位职责，严格遵守工作室规章制度与考核标准。这样一来，学生不但在专业知识与能力方面有了很大的提高，同时也培养了自身的敬业精神与管理意识，培养出来的学生不单纯是技术人员，而是集技术、工艺、生产、管理于一体的综合型人才。

2.建立不同序列、不同形式的策略体系

（1）建设一个机构体系，鼓励行业企业踊跃参加，推动产学研紧密结合的教育模式

该模式的服务目标是企业或有关行业，其"成果"是高职院校的毕业生。作为一所专注于提供服务的高职院校，应该积极向客户询问对"产品"方面的需求，

并认真关注客户对"产品"使用体验的回馈。这样才能够培育出符合市场需求的人才，否则，便会面临没有市场、没有生存和发展空间的困境。为此，学校与政府、行业的有关领导、用人单位的主要领导、高等院校及科研院所的专家共同组建"产学研合作"工作各类组织，建立议事和定期联系制度，充分发挥这些组织在加强与企业密切结合方面的作用。例如，协调产学双方"产学研合作教育"工作；统筹安排各专业"产学研"合作的相关事宜；检查、评估和指导学院"产学研合作教育"的实施情况及实施效果；具体指导专业设置及人才培养方案的制定，指导师生开展技术开发、技术推广等科技工作，指导校外实践教学基地的建设、教育质量的信息反馈、培养方案的优化等方面的工作。

（2）举办产学研合作教育工作洽谈会，拓宽学校与企业或相关行业合作培养人才的渠道

利用与学校有联系的省市的各类人才交流会、产学研合作项目对接会、校毕业生双选会、校招生信息发布会等一切机会，开展产学研合作人才培养洽谈。提出学校与企业、行业和政府结合教育培养人才的目标、优势、环境、结合教育的条件和方式等信息，让合作者在诸多候选对象中进行比较，促进学校与企业或相关行业双方选择合作伙伴，根据双方内在需要选择适当的合作方式。校企双方围绕共同目标，在人才培养、科学研究、发展生产三个方面进行全面的合作，将各自的部分力量集中起来，统一规划，统一管理，统一使用，实现效益的最大化。选择合作伙伴时遵循的原则是：合作者们要具有共同的目标、共同的意向和意愿，同时注意合作伙伴的良好信誉，以降低风险。

（3）开展技术培训，推动校企双方人员交流和人才培养

学校从教育服务社会的角度出发，树立大教育观。为了适应不同领域、行业、层次和岗位的技能需求，以及满足不同企业的实际要求，进行多种职业教育和培训项目。可以与企业合作制定定向培养计划，针对供给具体就业岗位的企业，学校根据岗位要求为愿意加入该企业的学生制定个性化培训方案，并为其开设相关的选修及专业技能培训课程，为企业培育定向人才。或可采取预先推介毕业生等措施，为企业提供多样、灵活的优惠政策，以增加企业参与学院人才培养的积极性。随着时间的推移，学校给予企业的服务越来越多样化。企业和学校一起建立实践教学阵地，企业承担起有关的实践教学工作，接收学校的部分教师到企业开展练

习，并挑选有着充分实践阅历的工程技术人员和基层管理人员担任引导者。同时，这种积极性在不断地提升，为校企在更广阔的领域内进行产学研合作教育给予了根本前提。另外，这也为高职教育服务体系的建设和学校完善多样化办学类型，以及灵活办学的发展提供了支持，从而为教育市场的扩大和发展创造了广泛的机会。

（4）开展技术服务和课题研究，发挥科技在产学研合作教育中的先导和纽带作用

学校具备人才、技术、科研等方面的特长，可以为企业快速提供科技服务和成果转换，帮助他们处理生产现实问题、探索新的产品，加快企业的进步速度；另一方面积极与企业、行业和地方政府联合开展课题研究，通过项目的合作，获得较好的经济效益，赢得企业的信任，消除企业对技术外流的担心和疑虑，与企业建立良好的关系，增进与企业的友谊。

3. 推行产学研合作教育为实践教学的结构体系

（1）在实践教学的安排上

从系统的角度出发，完善和优化培养方案整体架构，将实践教学与理论教学、毕业设计和就业等环节有机地融为一体，充分调动学校、用人单位和学生三方的积极性，基本得到实践教学过程中的质量保障。在教学内容上，由单纯加强与巩固所学理论知识向全面提高学生素质转变。在就业问题上，由统一集中安排学生向用人单位为学生提供较明确的就业岗位，双向选择分散安排，学生阶段性生产实习和毕业实习与就业单位的一致性转变，努力解决毕业生就业问题。在考核上，由对学生的定性评价向定量考核，由学校考核为主向企业用人单位考核为主转变，整个实践教学效果的考核均有企业人员全程参与。在费用上，由学校支付实习费用向绝大多数学生能获得报酬转变。

（2）在实践教学内容体系上

按照由低级到高级、由基础到核心为主线，构建基本技能到技术应用能力这种完整贯通的实践教学体系。实践项目的安排体现由简单到复杂、由单项到综合、由模仿到创新，循序渐进分别安排，并完成好五个层次的工作。一是以公共课为理论基础，相关实验室为基地，逐步增加小型的综合性、设计性、研究性实验，完成实验基本技能的训练，培养初步的创新意识和动手能力；二是以专业基础的理论和技术为核心，以综合性实验中心为基地，增大实验的分析性、设计性和研

究性，在教师的指导下学会如何寻找问题、如何假设、如何设计实验、如何分析数据、如何分析实验结果，使学生掌握实验研究的基本手段和方法，培养学生分析和解决问题的能力，激发创新思维；三是以专门课的理论、知识、分析和解决问题的能力为基础，结合课程设计，以专业实训中心、设计中心、技术开发中心、校内实习工厂为基地，模拟成熟的技术和已完成的课题的研究过程和方法，在真实的研究环境中，使学生体验到技术开发与应用的现实要求，培养学生科技开发与科技服务能力；四是结合专业生产实践，到相关的企业直接收集和确定研究课题，以校内和企业相对应的设计中心、技术开发中心为基地，在教师指导下，根据学生的研究能力，完成技术开发、产品设计、工艺设计与实施；五是把企业的技术改造、工程项目、产品开发、设计创新等企业需要解决的技术问题作为毕业设计的课题，让学生在现代工业技术训练的良好的工程环境中，亲身感受企业所面临的挑战与机遇。

（3）在实践教学各个环节上

按培养方案的总体规划，处理好教学、应用技术、生产实践三者的关系，在教学计划中统筹安排好学生在学期间的社会实践、生产实践、技术应用与产品开发，逐步提升"产学研合作教育"的层次。一是以专业相关知识为基础，以生产实践中的典型应用技术为载体，以技术开发与应用等案例为主线，安排理论教学内容，将理论教学融于专业职业能力的培养和企业的生产实践中。二是按实践教学体系与理论教学体系互相渗透、相互融合、有机交叉的要求，形成并行的"两条线"课程设置模式。并根据学生的个性化和企业的岗位要求，对学生开设必要的选修课和专门技能训练课。实践教学既与专业职业能力的培养和生产实践相结合，又与企业当前的技术改造、新产品开发、新工艺的设计和实施相结合。努力缩小学校教育与企业、经济发展对技术应用型人才的要求所存在的差距，以及在培养目标和规格上与社会需求相脱节的现象。三是按各种社会实践和生产实践紧密联系专业知识和职业能力的要求，以新产品的开发、新技术的应用、新工艺创新研究，以及新设备的安装调试、新产品市场营销推介等方面的活动为载体。四是生产实践力求在实际环境下，明确任务和职责，真干实做。阶段性生产实习和毕业实习要求学生作为职业人，需要担任生产性工作的职责，并且要按照工作岗位的规定来履行自己的职责。学生在一种真实的工作情境下，承担真实的工作职责，完成其分配的工作任务。通过社会实践和生产实践，可以更好地发挥社会教育资源的作用，促使学生接触社会，了解社会对人才的要求和自身的不足。使学生不仅思想上受到教育，业务上得到提高，同时也使学到的理论与生产实际紧密结合起来，从而弥补课堂教学的不足。五是建立与完善学生参加科技活动和社会生产实践的形式和体系。突出专业特色，以鼓励创新为主题，以专业的新产品、新工艺、新设备、新型管理等方面新技术的开发和应用为核心内容，以学生为主体的科技活动和生产实践，贯穿于人才培养的各个环节。

（4）在校内实践教学物理环境和实施形式上

贯彻理论与实践相结合的原则，根据工程实践、专业技术过程、生产现场环境要求，在提高实验实训场所使用效率的同时，打破教室类型的限制，将理论教学和实践教学紧密结合，实践导师和专业教师的角色也不再划分明确。教学重心转向围绕实际工作和工程项目，以提高学生的实际工作水平。采用"教学一体化"的方式，根据"从基础到专业、从单一到归纳、从模仿到创造"的目标，对实践教学开展正确的规划。积极创设真实或仿真的生产设计和生产流程的实践教学环境，使实践教学环境凸显"工厂化"和科技综合化。

4. 建立产学研合作教育实施的内部保障机制体系

（1）确立产学研合作教育理念

强调产学研合作的教育理念，将其纳入人才培养模式之中。在此模式下，教师的作用至关重要。为了让产学研合作教育贯彻在教学实践过程中，并让师生理解与实践这一理念，学校需带领所有教职员工认识到高职教育的本质、使命和培育目的，以及采用的培养方式，并提高高职教育的质量和特征认知。高职教学最基本的特征是实施产学研合作教育，这种教育方式以技术应用能力为重点，并且符合高职教育的需求，是不可避免的潮流。因此，实施产学研合作教育是高职人才培育的必要途径。教育是实现产学研合作的关键，学校在合作教育中扮演主要角色，学生是合作教育的重要参与者，而企业和行业则是促进产学研合作教育的主要推动力量。学校应该以企业的需求为中心，将不断变化的企业对人才的认知、才能和素养的需求融入教学改革方案中，从而使得企业能够持续地从高职院校选用到能够胜任工作的人才，这样才能够有效激励企业和行业参与产学研合作教育的主动性。

（2）推行教师联系企业的制度

比如，可以实行"建立教师与企业的紧密联系"政策，具体做法包括实施"访问工程师计划"和推行"教师企业实质性挂职制度"。每位专业课教师最少要与一家企业建立可长时间联络的关系。进行实地调研，选择行业内代表性的企业，了解其设备、产品、生产技术、工艺以及技术人员配置、岗位升迁情况和未来发展道路。在此基础上，对所需人才的层次、数量等开展抽样调查，并撰写调研汇报。或者每年与企业直接合作，参与技术的探索、转换和改良，同时提供至少一项科技服务等。由于与社会和生产前线的关系更加紧密，教师能够获取生产前沿的消息，进一步提升专业认知和职业能力构造，从而推动"双师型"教师机制的培养。

（3）让学生参与科技实践

①培养学生的实践能力：成立一个学生科技工作室，让高年级学生在老师的指导下参与企业技术、产品、工艺的探索与策划，以提升他们的产品创作和实际探索能力。

②鼓励学生参加教师的科研项目：提高对有学生参与的科研项目的经费投入力度，以激励更多学生参与科技项目。制定一项新的立项制度，包括教师在探究项目时组织学生，以及学生在探究项目时请教教师两种形式，旨在鼓励学生进行小型制作、小型发明和小型创新等。学生需要参与至少一项科技产业的工程实践、技术应用项目。在此期间还可以让他们参与院科技产业的贸易活动，从而让学生通过实践体验到科技产业的各个环节。这些实践过程使学生不仅获得了丰富的工作经验，还使他们深刻认识了企业运营和市场准则，这对其未来就业大有裨益，有利于其能够从容应对各种挑战。

③利用产学研合作开展毕业设计：一种特殊的毕业设计形式是产学研合作，其主要特点是将毕业实习和毕业设计结合起来，在学生愿意就业的企业进行。同时，加强毕业设计选题工作，致力于增加来自实际生产、处理当下技术难题、担当企业工程项目、以及为企业研发工程项目等课题的占比。以实打实的课题及实际操作为主，以提升学生的专业素养和就业竞争力为目标，实现校企合作的双赢。

④积极组织并主要围绕学生进行多种科技活动：将各种科技竞赛融入课程设

计中，例如举办科技节并加大策划宣传，开展学术讲座、小型作品展示会，致力于营造和加强学校的学术气氛。同时，学校积极激励和支撑学生参与到经济建设中去，积极寻找多层次发展的社会实践机会。

（三）产学研合作教育人才培养的外部运行机制的构建

1. 目标一致的动力机制

高职院校、企业或相关行业是高职教育产学研合作机制的核心。这些机构一方面负责输送人才，另一方面则承接这些人才。这意味着它们有着共同的目标和动机。产学研合作的主要驱动力在于双方的生存和发展，而学校和企业的共同目的是让企业能够连续地从高职院校选用到合适的技术应用型人才。

高职院校的职责是持续提高前线劳动者的素质，因此应当关注职业岗位的需求，对课程设置、教学内容和模式进行改革。重点在于加强高职学生的实习体验，让他们在真实的职场中扮演真正的职业角色，做好真正的工作，建设以实践为重点的教学模式；聚焦于优化政府、行业企业和其他社会教育资源的教育作用。促进学生的综合能力发展，将以课堂为主的教育与以直接实践为主的生产空间相结合，形成有机的结合方式。学生的专业职业能力的培养是通过将其社会实践和生产实践与企业的技术改进、新产品探索以及新工艺规划和实行结合起来，从而提高学生的技术应用能力。将学生与社会互动和生产实践相结合，让学生知道社会对人才的需求以及自身的短板，并通过此过程增强工作能力和培养"爱国、爱岗、敬业"等重要素养和创新认知，培养学生成为具备就业特长、创作才能、持续深造基础以及有宽泛的发展前景的技能人才。

员工的素质对于企业及有关行业的生存和发展至关重要。其中，目前面临的最大挑战是高等技术应用型人才短缺，同时，员工素质也亟待提高。这意味着企业必须积极参与高职院校的教学改革和实践，考虑到自身的需求，将不断变化的人才结构、才能结构和素质结构纳入学校的教学改革计划中。通过这种方式，企业可以持续地从高职院校选用到符合他们需求的技术应用型人才，从而提升其生存和发展的技能。

2. 互惠互利的利益机制

在产学研合作中，各方之间的合作往往是基于利益的考虑，需要协调各方的利益关系以达到共赢的目的。此制约并非存在于相互间的掣肘与敌对之中,而是要求彼此相互协调适应。在社会主义市场经济中,产业、学术界和科研机构是独立的利益主体。因此,进行产学研合作培养人才,对各方都有相应的利益和好处。利益机制主要涵盖利益分配和调节关系两个方面。

根据常规的分配准则,考虑到义务与权益的关系,首先,需了解各合作者在整个进程中所肩负的任务和责任,以此为基础进行公平的权益分配,这需要双方共同协商。产学合作的广度、深度与层次受到物质资源和智力资源两个主要方面的影响,这种交换是产学双方受益的体现。其次,如果合作后的运营准则发生改变,合作双方必须在恰当时期对既定的权益进行必要的调控。在处理矛盾时,合作者应该以公平和谦虚的态度来看待。高职学校应以企业在产学研合作中的最大化利益为关键点。为此,学校应积极与企业合作,建立彼此互利的利益调节准则,明确合作目的是"与企业共拓市场、共创价值、共享利益,建立利益共同体"。此外,学校还应积极选取多种途径和方法,让企业在人才培养过程中获得更多优惠,主动让他们参加进来。

3. 共守协议的互信机制

在市场经济中,所有合作都须依从特定的游戏准则。所以,通常以合同或协议的形式确定产学研合作的游戏准则,并建立多种与协议相匹配的互信机制。这些机制涉及风险担当、利益弥补、争议调解等方面。这是因为,形成和正常运作任何机制都需要有相应的制度或协议来保证。确定产学研合作的操作方式,并将其明确化、具体化是非常关键的。双方必须将合作中的任何行为都规范化,通过制定协议等形式,确保双方都能遵循。如果出现行为误差,可以按照明确的规定和步骤进行纠正,这有助于预防问题的恶化,促进产学研合作的稳定运作和顺利发展。另一方面,这种协议仅仅是在产学研合作开始前规定各方的权益和责任,通常在完备性和可操作性等方面有着某些缺点,并且在实施过程中可能会有矛盾。因此,要建立长久稳定的合作关系,首先需要建立彼此信任、彼此调节的机制。这对于加强双方的信任,共同努力达成共识有着非常重要的价值。

4. 优势互补的选择机制

学者们将产学研合作的过程划分为四个阶段:知晓、比较、选取和执行。在这个过程中,优势互补的选择机制起着关键的作用。在此情况下,"知晓"指的是与合作相关的重要消息（谁有意愿合作、提出合作的原因、合作的目的、合作方的特长、合作方式、空间前提以及还要哪些外在因素的支撑等七个方面的信息，这些信息是实现合作所必需的）；"比较"这个步骤需要考虑两个方面，首先是需要权衡"合作"与"不合作"带来的潜在利益和损失，其次是需要对多个潜在的合作伙伴进行筛选，通过比较他们在七个重要方面的信息，来挑选最符合条件的对象。只有通过这个步骤，才能确保合作的顺利进行，并持续长期的合作关系。在挑选合作对象时，需要考虑：合作对象应该具备一致的目的、憧憬，并且双方之间应该有足够的互补性，以实现协作效应，让合作的结果比单独行动时更好。只有当合作双方的实力互为补充，才能找到共同发展、促进产学合作的契合点。

通过"产学研合作教育"，高职教育模式的封闭刚性得到了改变，同时也拓宽了人才培育的渠道。它的构成方式多种多样，不仅包括初步的单一融合，还涵盖高级、形成网络系统的融合方式。高职教育和经济进步在宏观层面上紧密相连，与此同时，办学机制和育人阶段等微观方面也相互关联。综合来看，产学研合作是一个彼此互动、条理清晰的调解机制。随着社会经济的不断进步，教学、科研和生产之间的融合将在更大范畴、更高层次上不断展开。通过多元视角探究产学研合作形式，有助于制定符合实际的人才培养模式的构建和实施方法。

根据组织方式的特征，可以观察到产学研合作主要呈现出三种形式：

（1）自由结合式

在联合式自由结合的进程中，以相同的利益为准则，构建共同利益体。在这个联盟中，各合作对象的首要地位由他们共享资源的比例来判定。这种联盟通常具有长时间协作的特点。这种类型的高职院校，其行业专业特征非常鲜明，因此可以采用产学研合作的形式来进行合作。自由结合的难处在于它需要灵活的思维能力，为了实现产学研合作，各个合作方必须在自己的领域中具备明显的优势，这样才能对其他合作方产生极大的吸引力。因此，这种组合方式可以被描述为强有力的合并。

（2）项目契约结合式

以项目契约为基础，将所有合作对象紧密融合在一起，协同推进具体项目的实施。企业和高职学校都可以是项目的发起方。如果项目的收益能够与产、学双方的某些利益相互匹配，那么就可以在有关方面构成部分的共同利益，从而建立以项目为基础的合作协议。因为企业是项目成果的最终用户,所以根据其需求,项目契约的关系随着合同的签订而形成,合同解除后该关系也会终止。这种形式适用于短期的、灵活的产学研合作。

(3)政府集成式

政府或行业部门考虑社会经济的整体和长久收益,在制定发展计划和实行纲领的同时,采用多种合作形式,将各方资源汇集在一起。以政府为中心,各方共同形成共同利益,进而形成产、学、研合作的要素,其选择和定位受政府行为控制,并以政府为桥梁。政府在这个联合体中处于关键地位,代表着涉及方的共同利益。它既代表了行业和企业的合作需求,也代表了高职院校提出的需要供给的要求,并提供实行所需的运作和保证机制。各个合作方直接与政府机构签订项目合同,达成产学研合作。政府集成式的长久和稳固性源于其发展规划包含多个具体项目,即使其中某些项目中止,也不会影响整体规划的实施。这种形式非常适合那些需要长期、大规模产学研合作的项目。

行业和企业应该扶持相关职业院校改革他们的办学体制,成立由企事业单位代表主要参与的专业教学指导委员会,以便为他们的作用创建条件并产生影响。教育行政部门和职业技术院校应该关注劳动力市场的需求变化,并且根据企事业单位的用人需求来改变专业方向、明确培训界限,并且创设和推行教育与培训方案。教育和培训的课程开发应该以满足企业的工作需求为关键点,极力提升教育和培训的应用性。

从产学研合作的规模特征观察,主要有三种形式:

(1)阶段或成分合作式

这是当前高职开展产学研合作的主要形式。这里的阶段或成分可以是人才培养、科技项目或技术开发过程等方面的部分。目前阶段合作形式有"2+1"模式、"学工交替"模式等;成分合作形式有"实训—科研—就业"模式、"工学结合,校企双向介入"模式等。

(2)全面合作式

高职院校与企业在人才培养、信息引进等方面展开合作,根据自身的专业、人才和智力优势,实现校企联合、智力交流等合作方式。通过由点到面、逐步展开的方式,共同创建一种完善的产学研合作模式。当前,除了全方位合作教育模式外,还存在其他类型的全面合作模式。

(3)共建式

共建式是目前最为领先、最为密切的产学研合作形式,也是最为关键、最为熟练的合作方式之一。它是高校在进行产学研合作方面的发展方向。高等职业教育机构与政府、行业或企业的共建合作形式主要有两种:一是实体型的产业或科技联营企业,二是研究开发机构,此外,还有一体化体制或实质性合作的办学方式。目前,许多大中型企业已经和高职院校实行实体合作模式,这意味着高职院校与企业的产学研合作,已经由分散的方式向紧密的合作关系转变。高职院校和企业进行实体模式合作的主要因素是彼此在资源和条件方面的相互依存程度。合作伙伴拥有一致的预期目标和利益,且他们有着完善的管理和运作体系。

观察产学研合作的组织特征时,可以看出主要有三种形式:

(1)松散型

它是以某项工作为桥梁的初步合作种类,合作范围有限,缺乏深度,易受时间限制,达成的目标效果较差。

(2)协约型

这是一种建立在合同、协议基础上的合作方式,具有相对稳定的特点。这种类型具有密切的结合、高度的灵活性和强大的适应性,因此得到了广泛的应用。

(3)实体型

合作双方以一定的组织形式结成组织实体,这种类型的合作具有紧密的结合和高度组织化,具备长期稳定的校企合作关系,促成了相互优势,从而形成了良性发展的生态圈。这种模式是产学研合作办学的最高追求。

根据产学研合作实施的特点,可以归纳为四种不同的方式:

(1)"三明治"形式

这一模式将学生的分配和实践工作联系在一起,将学生的校内学习分为三个步骤。前一步骤主要集中在校内培养,包括全部完成或部分完成理论知识的学习以及制定的实际练习。在第二步骤中,重点是通过企业培训来提高学生的能力。双方通过挑选,将学生预先分配至单位,他们将作为见习技术员参与实际工程,以提升其技术应用水平。在最终步骤返回学校时,学生可以自由挑选自己的专业方向和合适的课程,同时完成与自身工作相关的毕业论文,以此完成自己的学业。

这种教育模式通过不断的学习、实践和互动，可以有效地培养具备实际技能和工程应用技能的高级人才。

（2）"工学交替型"形式

"工学交替型"模式将学习分为至少四个阶段（学年被划分为三个学期，其中两个是理论教育学期，另一个是到企事业单位进行工作实践的学期）。学习从基础开始逐步深入专业领域，理论知识和实践技能相融合，课堂和工作实践互相交替进行。除非是企业集中的工业城市，否则很难在大规模范围内推广这种模式。如果想让该模式经久不衰，企业需要意识到，让学生来厂不仅需要投入人力物力，同时也可以为企业带来一定的收益，从而达到互利互惠的目的。显而易见，要落实这种模式，学校、企业主管机构和政府都需要踊跃参与和支持。

（3）中后期结合形式

这种模式是学生在校学习期间，在完成了大部分学习内容后安排的一次较长时间的实践活动，一般为一学期至一年不等。这种模式从学校直接分配单位，转变为在学校的领导下自己寻找工作；从政府行政制定学校的安排，改为让学校自行寻找市场，以安排学生的去向；从学校一元化安排学生到学生和用人单位双向选择分散安排的变化；从主观评价转变为客观考核，对学生进行量化评估，在很大程度上与预就业有机结合。这种模式很容易实施，在大部分高职学校均有多年实践。

（4）项目任务形式

这种形式是在教师的指导下，通过完成社会或用人单位提交的实际项目，如调研任务、采访任务、规划勘测任务、工程项目、产品开发项目等，培养学生的实践能力、创新能力和创业精神，提高学生的综合素质。这种形式实施至少有两个前提条件：学校与社会、企事业单位已建立起科技服务的网络体系，教师具有很强的科技服务能力。由于任务的大小、时间的多少的不固定性，还需要有一个比较灵活的教学计划和教学管理体制。

四、高职院校产学研合作教育信息化平台建设

建立产学研合作教育平台时，应坚持互惠共赢的准则，激发政府、行业、企业和学校等各方的主动性，共同推动产学研用的协调发展。随着信息化时代的到来和创新形式的不断变化，政府在促进产学研合作平台建设中扮演着越来越重要

的角色。同时，市场的特殊地位也推动着技术创新的不断发展。因此，"产学研"合作正在逐渐转变为"政用产学研"合作。

高职院校的产学研合作教育存在一些不足之处，比如体制机制不够完善、各方之间的沟通交流存在问题、产学研合作的主体缺乏主动性、合作模式需要进行创新、信息化平台需要进一步完善等。对于上述问题，应该深化探究，探寻有关处理方法，以促进产学研合作教育的不断加深。在探索产学研本质的基础上，利用信息化办法建设符合实际需求的、政校企密切合作的信息化体系，促进产学研合作中多方之间的联系。

教育信息化平台体系包括人才培养信息系统、科技服务信息系统以及信息反馈与交流沟通系统，以促进产学研合作。人才培养系统以产、学、研中的"学"为核心，实现人才的培养和提升。系统包括多个平台，包括员工学习、企业实践、学生实习、合作教育等。科技服务信息系统的核心目标是加强产学研之间的紧密联系，并为科学探究和社会服务的顺利开展提供支持。该系统为用户提供了多种平台，包括知识转化、产品设计开发、技术创新等方面的平台，以实现知识的共享和技术的转化。为促进双方之间更紧密的合作，需要建设更完善的人才培养和科技服务体系，以及信息回馈和沟通交流机制。这些系统的建设，将有助于推动产学研三方之间的信息交流和沟通，并包括信息反馈平台和沟通交流平台。通过将人才培养信息系统、科技服务信息系统和信息反馈与沟通交流系统有机地结合起来，成功打造一个教育信息化平台体系，有助于推动产学研合作的进行。

第三节 信息化背景下高等职业教育的科研工作创新

一、高职院校科研工作的定位

（一）高职院校科研工作的原则

定位可以理解为为学校制定一个基本方向，明确其在相关学校之中的地位和角色。据相关资料显示，一所学校的发展定位主要涵盖以下三个方面：学校的教育定位、人才培养目标的定位以及科研方向的界定。

学校的办学定位指的是学校在教育领域中的定位，即学校在哪个方向上发展。例如，它的定位是面向高等职业教育领域，还是专注于朝向本科方向进步。学校的培养目标定位是确定其所要培养的人才的特征和素质。在确定人才培养目标时，需要考虑当地的经济和技术发展，以及劳动力市场的需求状况，这样才能准确地确定方向。中共中央、国务院在《关于进一步加强人才工作的决定》中指出，要"努力造就数以亿计的高素质劳动者、数以千万计的专门人才和一大批拔尖创新人才"[①]，培养大量高素质劳动者、专门人才和创新人才，同时还提到了高职教育的目标是为社会培养出技术应用水平较高的高级技能型专门人才。

科研工作的定位指的是高职院校对于科研的地位、目标以及重点的基本理解。问题的准确定位是十分关键的，只有准确地识别问题，才能明确目标，采取有效措施，取得明显的成果。高职院校的科研工作需要遵循以下原则：

1. 错位原则

即高职院校的科研方向和重点应该与学术型和工程类院校的定位不一样。因为普通高校已经拥有成熟的学科体系、高水平的师资队伍和各级各类的重点学科，所以在基础科学研究方面，其优势是职业院校所无法匹敌的。由于高职院校的性质和实力限制，需要将科研重心集中在基础研究方面，否则会导致科研资源被浪费。高职院校应该把重点放在研究和开发应用技术方面。应用技术的研究涵盖了开发应用技术、推广和转化科技成果、为生产技术提供服务、提供科学技术咨询以及进行技术人员培训等方面的工作，因此，高职院校需要与企业密切合作，将服务企业视为首要目标，同时创立自己的科研特征。

2. 服务原则

高职院校应当以服务当地经济发展为目标，以此作为自己的使命。因为高职院校的定位通常是面向区域性发展的。高职院校致力于为地方经济的发展提供技术和人力资源支持。因此，高职院校的科研需紧密结合当地经济和技术发展趋势，以及企业的技术需要，尤其是中小企业的需求。与企业合作，共同建设技术研发中心，可提升企业生产水平，提高学校的教学效益和教师的研究水平。同时，高职院校也应与人才培养质量的提高相结合，为此可创立大学生创业园等活动，让

---

① 中国政府网．中共中央国务院关于进一步加强人才工作的决定 [EB/OL]．(2003-12-26) [2022-06-15]．https://www.gov.cn/test/2005-07/01/content_11547.htm.

学生参与技术应用的研究项目，从而提高学生的多种能力。

3. 特色原则

只有具有独特特点的事物，才能真正彰显出自己的特色；只有具备独特特点的事物，才能焕发出生机与活力。高职院校只有拥有独特之处，才能保持竞争优势。特色的含义非常丰富，因此，每所学校都应具备自己的特色，包括专业领域的特色、产学合作的特色以及人才培养方式的特色等。高职院校科研的独特之处应该得到发掘，只有这样才能提高学校的声誉。学校应该在认真分析、研究现有水平的基础上，考虑到技术不断发展的状况以及学校自身的发展目标，确定重点研究和发展领域。在此基础上，引进人才，组建研究梯队，通过逐步积累，形成独具特色的研究方向。当学校拥有了某个领域或学科的特色后，就能够在该领域或学科上发挥话语权，并随之提高声誉。因此，高职院校需要认真调查研究学校的科研方向和重点，并且关注应用技术的未来发展方向，制定清晰的科研发展目标，这是形成学校特色的基础。

（二）高职院校科研工作基本要求

高职院校的科研工作对加快学校发展，提高学生的培养质量，对师资队伍建设等方面都具有重要的作用。高职院校科研工作的基本要求，具有如下几个方面。

1. 明确科研工作的指导思想

高职院校应该明确发展道路，加强科研工作的重要性意识，以科研为引领，推动学校的强劲发展。高职院校应当在考虑区域经济和社会发展的状况以及学校特点的前提下，建立清晰的科研方向并制定对应的科研工作计划，以有针对性地推进科研工作。高职院校应将科研与高技能人才培养目标相结合，注重在新技术应用、科技成果转化和推广等方面不断努力，需要踊跃地参与企业的技术创新，协助企业应对实际的技术难题。

2. 营造良好的科研氛围

我国的高职院校中，有相当一部分是在中专基础上升格的，教师缺乏对学科前沿动态的关注，科研能力不强。升格为高等学校后，一时还难以适应科研工作的要求。因此，营造一个鼓励教师从事科研的良好氛围，对高职院校科研工作的开展至为重要，原因在于，良好的科研氛围对教师科研水平的提高能够起到潜移默化的作用。在科研氛围的营造上，首先，学院领导要重视科研工作，并带头从事科研；其次，可聘请专家进行科研指导，开展教授带徒活动，组成科研攻关小组，确立目标导向，制定科研奖励和评估计划，鼓励教师在科研领域取得杰出成就并给予表彰。同时，在晋升和聘任教师时，将考核教师的科研表现作为重要因素，以激励学术研究的主动性。

3. 培养一批学科带头人

高职院校要不要搞学科建设，目前尚有争论。我们认为，高职院校应该搞学科建设，但不同于普通高等学校的学科建设。高职院校应该紧密围绕设置的专业进行学科建设，并且与专业建设密切融合，注重培养几门主干课程。需要将重点放在促进技术学科发展和推广技术成果方面。高职院校与企业和生产一线之间的紧密联系，使其具备了了解企业技术发展态势和技术需求的能力，在技术应用性学科建设方面具有独特优势，并能形成特色。学科建设的关键是特色和质量的提升，而不是数量的增加。高职院校应当深入探究自身学科优势，集中资源打造1—2个学科的特色，以此为基础进行拓展。只有这样，才能持续提升在同类学校中的声誉。

学科带头人的培养与学科建设息息相关。如果缺乏杰出的学科领袖，就难以培育有影响力的学术领域。因此，在进行学科建设时，必须全方位考虑学科带头人的培养。通常情况下，要创建一个三级技术学科，需要有完备的课程计划、课程设置、教学纲要和先进的教学工具和方法，同时必须拥有优秀的教师队伍和相应的学科层次结构，其中，高级职称、学位以及年龄结构要合理。通常情况下，学科的领导者都应该是正教授，而在三到四名的学术带头人当中，也要有高级职称的人。学科领军人才的建设需要同时注重培养本土人才和吸引外部人才的相互结合。在现有的师资力量基础上，应该加强对那些技术能力强、具有更大发展潜力的教师的培养，以尽快使他们成为领导学科发展的重要人物。同时，需要招募一批在学术研究方面造诣深厚、了解技术发展趋势并具备出色的技术开发和应用能力的人才。在引进新项目的同时，应该注重引进相关的人才，以更好地改善教师队伍的结构。这意味着要考虑不同年龄、学历、职称等方面的因素来形成合理的学科梯队。

4. 走产学研相结合的科研之路

现代高等教育趋向于将产业、学术和研究相结合，高职院校的科研需要紧密关注市场需求、企业需求以及生产现场，应该向企业寻找合适的课题，与其紧密合作，共同推进科研的发展。需要积极地参与企业的技术升级、新产品研发和市场推广活动，以实现产业、学术界和研究领域的有机结合和优势互补。高职院校通过产学研结合的方式，努力向理工科院校学习，如华中理工大学的CAD（计算机辅助设计）中心原先只是一个技术基础课教研室，1986年成立CAD中心后，承接了大量科研课题。经过十多年努力，在CAD研究方面取得累累硕果，并组建了华中软件公司，所开发的CAD软件产品在我国机械行业得到广泛使用，用户逾万家，效益达亿元，初步实现了产业化。而许多高职院校在产学研结合上也取得了一定的成绩，引起了企业和社会的关注，如宁波职业技术学院的机电一体化专业，其学科带头人兼任敏孚企业的总工程师，十分熟悉企业的技术需求，科研工作紧紧围绕企业的技术需求展开，做到了科技同生产的有机结合，取得了良好的经济效益。

二、高职院校科研工作管理信息化的创新

（一）高职院校科研工作管理信息化建设的现状

高职院校科研工作管理处负责管理开展各类高职教育研究课题和学术交流活动，对国内外高职教育教学改革发展的最新动态信息、办学经验和教育科学研究进行收集整理，并成为学院教学诊断改进、科研和重大决策的参考依据。高职院校的科研涉及教学、管理、招生、后勤和人事等各个方面，因此科研管理工作的工作量很大，覆盖范围很广，需要高密度的管理。然而，与本科院校相比，高职院校的科研管理工作起步较晚，起点较低，尽管职业教育全面加速信息化应用，但是高职院校的科研管理信息化并没有得到充分重视。

（二）高职院校科研工作管理信息化存在的问题

1. 高职院校对科研工作管理信息化投入有待提高

自教育部提出"十二五"规划以来，职业院校已进入信息化建设时代。高职院校主要加强了教学、办公、人事、学生管理以及大数据分析等方面的信息化建

设，不断增加投入，购置了先进的硬件设施与软件平台系统。在东部沿海一些教育较为发达的地区，已经建立了多所智慧校园，实现了统一身份认证和校园智能管理。然而，许多高职院校在科研工作的信息化投入方面还存在诸多不足，大多尚停留在传统的纸质化管理模式，这导致职业院校的科研工作管理信息化水平陷于阻滞状态。

2. 高职院校对科研工作管理信息化重视有待提高

高职院校的人才培养以满足市场需求为目标，注重培养实践应用型人才，教师们除了注重校企合作和产教融合，同时需要加强对科研工作管理的信息化建设。高职院校教师的科研素养不高，鲜有参与学术交流活动，这使得他们的研究成果质量低下；同时，学校也缺乏有利于科研活动开展的文化氛围。许多教师并未认识到开展科研工作对提升自身专业能力有益，而是把科研工作仅仅看作评职称或获奖的手段。由于高职院校过于关注发展方向和工作重心，因而未能给予科研工作管理足够的重视，进而阻碍了高职院校科研工作管理信息化的进步。

3. 高职院校科研工作管理信息化缺乏长远规划

在高职院校中，科研工作方面的信息化管理缺乏长远规划，导致不同部门、系统之间的数据共享被忽略，缺少统一身份认证，从而使得不同平台的系统无法有效对接，这给相关负责教师带来了更多的工作量。现如今，许多高职院校已意识到这个问题，开始构建完善的智慧校园系统。但是，该系统尚未包含科研工作的信息化管理，由此导致缺乏统一的数据标准，科研管理无法进行大数据分析，最终产生了人为制造的数据隔离问题。

（三）科研工作管理信息化的意义

科研工作管理信息化是实现科研工作管理变革的重要办法，也是高职院校建设"双师型"教师队伍的必要途径。它的意义主要表现在以下两个方面：

1. 提高教师科研意识与决策水平

科研工作管理信息化模式使得教师可以在科研工作有了成果后，将研究课题项目在及时发布到线上，让其他教师了解项目的进展情况。这为教师熟悉最新科研工作相关动态信息提供了便利，有利于他们调整自己的研究方向。在信息共享的时代，高职院校营造良好的科研氛围可以促进教师参与科研工作的主动性。

2. 实现传统精细化单项管理到全局化复合型管理变革

高职院校的科研工作管理信息化系统通过数据采集、汇总和分析反馈，生成可视化的数据报表，直观地展示了学院科研工作的成果，并为科研管理提供了决策依据。于此，高职院校的科研管理工作将得到更全面的覆盖，信息化管理将不断完善，数据支持将可靠支撑管理工作开展，这对于整个科研管理工作都至关重要。

（四）高职院校科研工作信息化建设的路径

1. 推进科研工作管理信息化落地

在《国家职业教育改革实施方案》发布后，各地职业院校将陆续开展其校园信息化建设，整合现有的数据、资料以及系统，最终实现现代化职业院校智慧校园的转型。通过这个机会，职业院校可以在充分评估信息化建设水平后，确定科研信息化建设的目的和方向，制定科研工作管理信息发展计划，促进科研工作管理信息化的实现。

2. 结合学院自身科研工作管理设定构建信息化系统

构建信息化系统需要考虑学院自身科研工作管理的特点和需求，并确保与各职能部门紧密配合。科研工作管理系统是一个复杂的信息和数据系统，它涵盖了职业院校和科研发展所需的各种资源，包括人力、财力和物力。科研管理系统具备高度可定制性，需要根据不同学院的科研管理部门的需求进行个性化设置。以漳州职业技术学院科研管理处为例，其主要职责包括制订学院科研管理规章制度；负责全院各级各类科研课题的选题、评估、提交、批准、实施和完成等方面的管理；审核大学内各项科研支出费用；负责确立学院的科技档案体系，并及时制作各类统计报表等。

3. "全员、全方位、全过程"促进科研工作管理信息化应用

实现科研工作管理信息化全面推广，需要让所有人参与、覆盖所有环节、贯穿始终。目前，高职院校的科研工作主要由专业教学教师来承担，管理类教职员工参与度相对较低。在职业教育日益发展的将来，从事管理行政教师岗位的人不仅要具备实际工作经验，还需要利用科学研究探索学习，以提升自己的工作效率和管理能力。通过运用信息化管理手段，可以充分展现所有从事科研的教师的进

程数据。高职院校科研信息化建设工作应该让全体教师都直接参与其中，这样有助于提高高职院校的教育质量，从而为改善高职院校的教学提供相关依据。

4. "信息化、数据化、可视化"展示科研工作管理信息化成果

通过"信息技术、数据管理、可视化"等手段，能够帮助教师有效收集和组织科研过程中所需的数据，从而保证数据的完好。同时，这些技术可以从多个业务系统中收集与科研相关的资料，并为教师的科研工作提供支持。然而，仅仅进行信息化并不足以衡量一所高职院校的科研管理工作水平。数据分析是评估其科研管理水平的准则之一。科研工作管理信息化系统需要集成数据取得和数据分享等功效，具备数据协调能力，能够完成各种数据发掘和收集任务。同时，系统中存储的有价值数据也会被使用，帮助科研人员高效整合跨专业、跨地域的科研成果。为了指导科研管理策略，该技术需要利用大数据技术来探索科研数据资料库。为了满足这个功能需求，首先需要将科研管理数据库中的内容划分为人力资源数据库、科研成果数据库、经费数据库等具体部分。然后，对这些数据库开展数据清理以保证可以在较短时期内获取重要信息，并清除没用的信息，进而利用多个角度观察数据，快速图像化，让数据变得易于理解。学校管理层可以利用这些数据快速了解全院科研管理的情况，并根据这些数据及时写出本院校科研工作可持续发展的汇报。同时，这些数据也可以作为学院教学改善的依据，从而实现学院的持续发展。

5. 相关政策配套

在高职院校科研管理信息化发展进程中，以人为本的准则是必不可少的，它可以为各项工作的开展提供必要的支持和保障。秉持以人为本的理念，能够更好地重视教师及其他相关人员在科研工作中的作用，同时制定有关政策来引领科研管理工作的开展。因此，能够制定全面的政策措施来推进科研工作的信息化的进行。首先，需要贯彻有关教师队伍建设的培养方针，把教师科研融入绩效考核，强调学院信息化建设中科研工作管理信息化的关键性。其次，为了推进高职院校科研工作管理信息化进程，需要完善科研工作管理部门的人员结构，并全面提升人员的信息化应用能力，以保障科研队伍的整体业务水平，这将为进一步推进高职院校科研工作管理信息化打下基础。

参考文献

[1] 李洁，岳光耀. 高职教育管理理论与实践探索 [M]. 长春：吉林人民出版社，2022.

[2] 刘康民. 高职教育供给侧改革研究 [M]. 北京：北京理工大学出版社，2020.

[3] 李云华. 高职教育文化建设与发展路径探索 [M]. 汕头：汕头大学出版社，2020.

[4] 陈强. 高职教育立德树人理论创新研究 [M]. 昆明：云南大学出版社，2020.

[5] 梁秀文，付宁花. 新时代高职教育国际化发展研究 [M]. 北京：中国财富出版社，2022.

[6] 王升. 高职教育的创新发展探索 [M]. 石家庄：河北人民出版社，2018.

[7] 马晓琨，李贤彬. 高职教育高质量发展下教师知识提升策略研究 [M]. 长春：吉林大学出版社，2022.

[8] 鲍玮. 高职教育实践教学体系的建设探索 [M]. 天津：天津科学技术出版社，2017.

[9] 胡佳. 高职教育教学督导制度研究与实践 [M]. 北京：北京理工大学出版社，2017.

[10] 徐博文. 基于能力培养的高职教育教学模式研究 [M]. 长春：吉林出版集团股份有限公司，2022.

[11] 高松元. 大数据下高职院校治理能力提升探究 [J]. 合作经济与科技，2023（19）：124-125.

[12] 傅琼. 高等职业教育高质量发展：成效、模式与推进策略——以宁波市为例 [J]. 天津中德应用技术大学学报，2023（4）：12-17.

[13] 张建国. 基于职业教育适应性的高职产业学院逻辑理路与优化策略 [J]. 教育与职业，2023（16）：50-54.

[14] 刘天贵. 高职院校"三全育人"联动机制的有效策略研究 [J]. 现代职业教育, 2023（23）: 169-172.

[15] 罗玲丽. 高职教育与普通教育融合的内涵及其路径 [J]. 黑龙江教师发展学院学报, 2023, 42（8）: 83-86.

[16] 赵颖. 产教融合背景下高职院校"三教"改革策略研究 [J]. 现代商贸工业, 2023, 44（17）: 87-89.

[17] 钟锵. 基于多源流理论浅析高职扩招政策 [J]. 现代职业教育, 2023（22）: 149-152.

[18] 杜越. 高职院校加强劳动教育实践基地建设的思考 [J]. 四川劳动保障, 2023（7）: 67-68.

[19] 王丹. 高职教育国际化实践路径研究——基于高质量发展背景 [J]. 太原城市职业技术学院学报, 2023（7）: 41-43.

[20] 胡昌明. 高职院校实训育人策略研究 [J]. 重庆电力高等专科学校学报, 2023, 28（3）: 60-64.

[21] 王烨婷. 高质量发展背景下高职院校创业教育问题及对策研究 [D]. 济南: 山东师范大学, 2023.

[22] 黄平平. 高等职业教育价值取向研究 [D]. 成都: 四川师范大学, 2022.

[23] 康娜. 新时代高职院校大学生劳动教育研究 [D]. 西安: 西安科技大学, 2021.

[24] 陈慧欣. 高职院校实践教学质量评价体系构建研究 [D]. 广州: 广东技术师范大学, 2021.

[25] 黄小欧. 高职学生学习力及其提升策略研究 [D]. 天津: 天津大学, 2021.

[26] 侯洋. 我国高职教育国际化实践研究 [D]. 北京: 外交学院, 2020.

[27] 孙帅帅. 高职扩招的实践困境与路径选择 [D]. 西安: 陕西师范大学, 2020.

[28] 曾雅楠. 新时代高职生创新创业精神的培养研究 [D]. 赣州: 江西理工大学, 2020.

[29] 张敏. 高职院校教师激励问题与对策研究 [D]. 苏州: 苏州大学, 2020.

[30] 朱如楠. 高职教师专业发展影响因素与动力机制研究 [D]. 秦皇岛: 河北科技师范学院, 2020.